国家统一法律职业资格考试

U0598157

# 杨雄讲刑诉法之主观题冲刺

## ④

杨　雄　编著

中国商务出版社
CHINA COMMERCE AND TRADE PRESS

图书在版编目（CIP）数据

杨雄讲刑诉法之主观题冲刺.4／杨雄编著. -- 北京：中国商务出版社，
2019.9

国家统一法律职业资格考试

ISBN 978-7-5103-3052-0

Ⅰ.①杨…　Ⅱ.①杨…　Ⅲ.①刑事诉讼法 – 中国 – 资格考试 – 题解

Ⅳ.①D925.2 – 44

中国版本图书馆 CIP 数据核字（2019）第 184994 号

**国家统一法律职业资格考试·杨雄讲刑诉法之主观题冲刺4**
杨　雄　编著

出　　版：中国商务出版社有限公司
地　　址：北京市东城区安定门外大街东后巷 28 号　　邮编：100710
责任部门：创新运营事业部（010 – 64515145　LYJ@ cctpress.com）
责任编辑：薛庆林
助理编辑：刘玉洁
总 发 行：中国商务出版社发行部（010 – 64266193　64515150）
网　　址：http：//www. cctpress.com
邮　　箱：cctp@ cctpress.com
排　　版：北京唐人佳悦文化传播有限公司
印　　刷：三河市越阳印务有限公司
开　　本：787 毫米 × 1092 毫米　i/32
印　　张：8.5　　　　　　　　字　数：217 千字
版　　次：2019 年 9 月第 1 版　　印　次：2019 年 9 月第 1 次印刷
书　　号：ISBN 978-7-5103-3052-0
定　　价：76.00 元

# 攻克法考刑诉法主观题

2018 年法律职业资格考试考查一道刑事诉讼法案例分析题，分值为 30 分，占据了法考主观题总分值（180 分）的六分之一，可见，刑事诉讼法是法考主观题中的重要科目之一。

法律职业资格考试主观题考场为考生配备法律法规汇编，这就意味着主观题不是单纯靠死记硬背，会侧重考查考生运用在法律适用和事实认定等方面的实践能力。比如，2018 年法律职业资格考试主观题第 3 题、2015 年司法考试试卷四第 6 题、2012 年试卷四第 7 题、2011 年试卷四第 3 题、2010 年试卷四第 3 题中都出现要求考生运用证据认定案件事实的案例分析题，此种题目涉及考生对《刑事诉讼法》第 55 条中认定有罪的证明标准即"证据确实、充分"的理解，需要考生运用刑事诉讼法、刑法以及证据理论、常识经验等来作出判断。另外，2016 年司法考试试卷四第 3 题中考查对《刑事诉讼法》第 237 条规定的"新的犯罪事实"和"补充起诉"的理解以及对上诉不加刑原则的运用。

法考主观题不仅需要考生对知识点的把握非常熟练，而且应当能够使用准确的法言法语、严谨的逻辑体系表达出来。是否采用法言法语作答，是法考主观题阅卷判分的重要标准之一。只有使用法言法语，才能作答准确、严谨。比如，有的考生在回答指定监视居住适用的条件时将"符合监视居住条件，没有固定住处"答成为"符合监视居住条件，没有家的"，这就是不专业的表述，考生应当在备考中养成使用法言法语作答的良好习惯。

## 一、刑事诉讼法主观题的命题概况

刑事诉讼法的主观题包括案例分析题、论述题和法律文书题三种。

刑事诉讼法案例分析题包括三种类型：一是用证据认定案件事实型案例分析题；二是找错型案例分析题（给出一个案件的诉讼过程，要求考生寻找公、检、法三机关的程序违法之处）；三是逐步发问型案例分析题（包括解决问题型案例分析题和制度分析型案例分析题两种）。从刑事诉讼法案例分析题的考查内容上看，在历年的法律职业资格考试（司法考试）中，刑事诉讼法的案例分析题侧重于对证据、诉讼程序（尤其是审判程序）的考查。

对刑事诉讼法的论述题而言，历年司法考试中刑事诉讼法的论述题曾考查"以审判为中心的诉讼制度改革"、"刑事诉讼法对保障刑法实施的价值"、"非法证据排除规则的完善过程和诉讼价值"等知识点，这些考点都是对当前司法改革的热点问题或者刑事诉讼的基础理论问题的考查。

对于刑事诉讼相关的法律文书题而言，历年司法考试中曾出现直接撰写法律文书和对法律文书找错误这两种考查方式。法律职业资格考试大纲中所要求掌握的法律文书多数为刑事法律文书，考生应集中针对刑事判决书、刑事附带民事诉讼判决书、起诉书、辩护词、刑事自诉状、附带民事起诉状等主要的刑事法律文书进行复习。

## 二、刑事诉讼法主观题的命题特点

### （一）主观题的综合性

刑事诉讼法的案例分析题和论述题往往不只是考查单个知识点，而是综合考查一个章节内部的多个知识点，甚至考查多个章节中的多个知识点。其中，对诉讼程序的考查往往不只是涉及某一个诉讼阶段，经常将几个诉讼阶段放在一起加以考查。为了应对法考主观题综合性增强的趋势，考生必须对刑事诉讼法中相联系的知识点进行体系化掌握，而不能是零散的知识堆积。只有对刑事诉讼法的知识点进行这样的体系化掌握，才能在解答题目时融会贯通，迅速地判断出该题是想考查哪些知识点以及从哪些角度加以考查。

### （二）主观题的理论性

历年司法考试中刑事诉讼法的论述题必须运用刑事诉讼的相关基础理论进行作答，这种试题的理论性自不待言。在配备法律法规的法考主观题考试中，刑事诉讼法的案例分析题不会再考查法条的记忆，可能会考查考生运用刑事诉讼理论解决实际问题。为了应对法考主观题理论性增强的趋势，考生在复习时，不仅应当注重复习刑事诉讼的基础理论，还应对法条背后的理论给予充分地理解。

### （三）主观题的实务性

法律职业资格考试中几乎每道案例分析题和法律文书题都涉及对具体案件的处理，实务性很强。有的案例分析题的原型系实践中的真实案件。需要注意的是，并不是每个知识点都容易出实务性很强的试题，考生应对容易考查实务性题目的考点进行重要把握。在熟练掌握相关知识点和法条的基础上，考生应当具备从案例中辨别其考查的法条或者知识点的能力，从案例回到法条或者知识点中去，运用法条或者知识点解答案例中的问题。

### （四）主观题的重者恒重

类似于客观题，法律职业资格考试主观题所考查的知识点相对集中，从历年法律职业资格考试（司法考试）刑事诉讼法案例分析题的考查内容上看，刑事诉讼法的案例分析题侧重于对证据、诉讼程序（尤其是审判程序）的考查。

**2002－2018 年法律职业资格考试（司法考试）**
**刑诉法主观题真题考点一览表**

| 年份 | 章节 | 考点 | 题型 | 分值 |
|------|------|------|------|------|
| 2018 | 证据、第一审程序 | 非法证据排除规则、证明标准、运用证据认定案件事实的规则、判决方式 | 逐步发问型案例分析（用证据认定案件事实） | 30 |
| 2017 | 第一审程序、第二审程序、审判监督程序 | 一审和二审的裁判生效、当事人向检察院申诉的程序、审判监督程序的提起主体和权限、再审审理后的处理方式 | 逐步发问型案例分析 | 21 |
| 2016 | 证据、第一审程序、第二审程序、涉外刑事诉讼程序和司法协助 | 境外取得证据的运用、庭前会议、非法证据排除程序、检察院补充起诉、上诉不加刑、二审的处理方式 | 逐步发问型案例分析 | 22 |

| 年份 | 章节 | 考点 | 题型 | 分值 |
|------|------|------|------|------|
| 2015 | 证据、第一审程序 | 非法证据排除规则、证明标准、运用证据认定案件事实的规则、以审判为中心的诉讼制度改革 | 案例分析（含用证据认定案件事实）与论述 | 26 |
| 2014 | 附带民事诉讼、审判概述、依法不负刑事责任的强制医疗程序 | 强制医疗程序、审判公开、附带民事诉讼程序 | 逐步发问型案例分析（含找错型案例分析） | 22 |
| 2013 | 强制措施、证据、侦查 | 技术侦查、指定居所监视居住、非法证据排除的程序 | 逐步发问型案例分析 | 22 |
| 2012 | 刑事诉讼法概述、证据 | 非法证据排除规则、证明标准、运用证据认定案件事实的规则、刑事诉讼法与刑法的关系 | 案例分析（含用证据认定案件事实）与论述 | 28 |
| 2011 | 证据 | 非法证据的排除程序、证明标准、运用证据认定案件事实的规则、证据关联性的判断 | 逐步发问型案例分析（含用证据认定案件事实） | 22 |
| 2010 | 证据 | 证明标准、运用证据认定案件事实的规则 | 逐步发问型案例分析（含用证据认定案件事实） | 21 |
| 2009 | 第二审程序、死刑复核程序、执行 | 第二审程序、死刑复核程序、停止执行死刑程序 | 逐步发问型案例分析 | 21 |

| 年份 | 章节 | 考点 | 题型 | 分值 |
|---|---|---|---|---|
| 2008 | 附带民事诉讼、第一审程序、第二审程序 | 附带民事诉讼的受理、一审、二审程序 | 逐步发问型案例分析 | 20 |
| 2008年延考 | 辩护、侦查、第一审程序、第二审程序 | 委托辩护人、辩护律师的会见权、辨认、追加起诉、质证、二审中发回重审的审判组织 | 找错型案例分析 | 20 |
| 2007 | 第一审程序、第二审程序 | 共同犯罪案件一审、二审程序 | 找错型案例分析 | 20 |
| 2006 | 证据 | 非法证据排除规则、口供的运用规则 | 逐步发问型案例分析（刑法与刑诉法结合） | |
| 2005 | 辩护、附带民事诉讼、第一审程序 | 刑事附带民事起诉状、辩护词、判决书 | 直接撰写型法律文书 | 25 |
| 2004 | 辩护、第一审程序、第二审程序 | 补充侦查、法律援助辩护与拒绝辩护、最后陈述阶段提到新事实的处理、上诉及其撤回、申请抗诉权 | 逐步发问型案例分析 | 12 |
| 2003 | 附带民事诉讼 | 刑事附带民事诉状 | 找错型法律文书题 | 11 |
| 2002 | 第3题：管辖、强制措施、第二审程序、执行 | 立案管辖、逮捕、取保候审、二审抗诉的提出、二审的审理和处理方式、对查封、扣押、冻结财物的处理、交付执行 | 找错型案例分析 | 10 |
| 2002 | 第10题：起诉 | 起诉书 | 直接撰写型法律文书 | 10 |

### 三、备考刑事诉讼法主观题的方法

第一，有针对性地巩固主观题知识点，如果感觉自己没有能力在考场上迅速找到所考查的法条，那就必须对主观题可能考查的知识点十分熟练，甚至需要熟记。良好的知识储备和理论基础是法考主观题制胜的前提。本书作者精心编写了"刑诉主观题考前必背精华"，考生们可以结合该内容进行背诵。

第二，以历年真题和高质量模拟题为素材进行演练，提高自身梳理案情、提炼事实、厘清法律关系的解题能力，练就使用法律思维、运用法言法语表达的能力，做到答题时言之有据、说理充分、逻辑严谨、语言流畅、表述准确，提升自身在法律适用和事实认定等方面的法治实践水平。在本书中，作者在广泛收集法治实践中最高人民法院、最高人民检察院发布的指导性案例、参考性案例、媒体报道的典型案例基础上，结合法律职业资格考试主观题考查的特点，进行深度加工改造后，精心编制32道高仿真主观题，供大家演练。

第三，提升运用法条的能力。从2018年法律职业资格考试主观题所配备的法条来看，刑事诉讼法所配备的法条涵盖了法考大纲中所要求的所有刑事诉讼法及其司法解释，共计近200页、2000多条（在所配六大部门法法条中占了四分之一），而且，主观题配备的法规中没有子目录，故考生在备考主观题时，应当熟悉一下刑事诉讼法和几个主要司法解释的子目录，唯有如此，才能在考场上及时找到所需要的法条。如果有时间，考生可以记住常考重点法条的序号，比如，考查到运用证据认定案件事实的案例分析题，必须引用

《刑事诉讼法》第55条、第200条。考生在心中应有一个基本概念，那就是，《刑事诉讼法》和《最高人民法院、最高人民检察院、公安部、国家安全部、司法部、全国人大常委会法制工作委员会关于实施刑事诉讼法若干问题的规定》中的条文涉及刑事诉讼中几乎所有的诉讼阶段，《公安机关办理刑事案件程序规定》中的条文主要规范公安机关的立案、侦查、执行等活动，《人民检察院刑事诉讼规则（试行）》中的条文主要规范检察院的立案侦查、审查批准或决定逮捕、审查起诉、诉讼监督等工作，《最高人民法院关于适用〈中华人民共和国刑事诉讼法〉的解释》中的条文主要规范法院的立案（受理）、审判、执行等工作，《刑事诉讼法》以及上述司法解释都会涉及管辖、回避、辩护、证据、强制措施问题。

对于法条的引用，考生若能精准引用法条，尽量精准引用法条（具体到×条×款）。若不能精准引用法条，把法条的意思表达出来亦可！另外，在引用法条时，为了节省时间，对法条的标题可使用简称，如《最高人民法院、最高人民检察院、公安部、国家安全部、司法部、全国人大常委会法制工作委员会关于实施刑事诉讼法若干问题的规定》可简称为《六机关规定》；《最高人民法院关于适用〈中华人民共和国刑事诉讼法〉的解释》可简称为《高法解释》或者《刑诉解释》；《人民检察院刑事诉讼规则（试行）》可简称为《高检规则》或者《检察院规则》，《公安机关办理刑事案件程序规定》可简称为《公安部规定》。如果实在不知道是在哪个法律或者司法解释中，就写"依据刑事诉讼法及其司法解释的规定……"。

此外，在主观题考场上，因为时间有限，如果检索法条时，在五分钟之内未找到相关法条，就不要再检索了，否则，只会浪费时间，别的题目将没有时间解答了。

我在新浪微博"刑诉杨雄"（地址：http://weibo.com/yangxiongbnu）上专门为您及时解答阅读本书和备考刑事诉讼法中的一切疑难问题。

漫漫法考路犹如跨栏赛跑，如今的你已经跨越客观题，即将进入主观题考场，胜利女神正在召唤着你，期待听到你过关的好消息！

杨　雄

**2019 年 8 月**

# 目 录

# 绪　论①

## 刑事诉讼法案例分析题的答题技巧与评分标准

### 一、刑事诉讼法案例分析题的答题技巧

刑事诉讼法案例分析题基本都是一问一答，从考查的内容和发问角度来看，主要包括以下四类：用证据认定案件事实型案例分析题、找错型案例分析题、解决问题型案例分析题和制度分析型案例分析题。

对于刑事诉讼法的案例分析题，在分析时应当采用两个技巧：

第一，先看案情文字少还是问题的文字少，哪个文字少，就先看哪一个，同时将文字少的部分迅速记住，这样可以带着文字少的部分去看文字长的部分，避免反复回头看文字少的部分，浪费做题时间。

第二，通过画图的方式厘清案情中的法律关系。具体而言，首先在草稿纸上列出案情中提到的诉讼阶段，往往是立

---

① 本书涉及四个重要的司法解释和规定：一是《最高人民法院、最高人民检察院、公安部、国家安全部、司法部、全国人大常委会法制工作委员会关于实施刑事诉讼法若干问题的规定》（本书简称为《六机关规定》）；二是《最高人民法院关于适用〈中华人民共和国刑事诉讼法〉的解释》（本书简称为《高法解释》）；三是《人民检察院刑事诉讼规则（试行）》（本书简称为《高检规则》）；四是《公安机关办理刑事案件程序规定》（本书简称为《公安部规定》）。

案→侦查→起诉→审判→执行（当然也可能只有一个诉讼阶段），然后在每个阶段列出相关的诉讼主体，比如专门机关（公检法等）和诉讼参与人（当事人和其他诉讼参与人），并且，在每个诉讼阶段列出题干中出现的相关情节和处理（比如被告人死亡、严重疾病、补充侦查、补充起诉，等等），如果题干中出现了时间，在每个诉讼阶段上还应标出相关的时间点。

对于用证据认定案件事实的案例分析题，考生应当将每个证据（包括犯罪嫌疑人、被告人供述和辩解，证人证言，被害人陈述，勘验、检查、辨认、侦查实验等笔录，鉴定意见，视听资料，电子数据等）列出来，并在旁边标出每个证据中的关键内容，写出该证据能证明的事项，用不同的符号标出各个证据之间相一致或者相矛盾之处。如果有多个被告人或者有多个犯罪事实，应当以每个被告人的每个犯罪事实为线索，列出相关的证据并进行分析。

下面针对用证据认定案件事实型案例分析题、找错型案例分析题、解决问题型案例分析题和制度分析型案例分析题，分别介绍相应的答题方法。

### 1. 用证据认定案件事实型案例分析题

刑事证据问题的理论性和实务性都非常强。在最近几年的法律职业资格考试（司法考试）中，都出现过考查运用证据认定案件事实型案例分析题，即题目中给出基本案情和一系列的证据，要求考生答出法院的判决方式或者能否认定被告人有罪。用证据认定案件事实型案例分析题可以分为两种：有非法证据需要排除型和无非法证据需要排除型。在过去的法考（司法考试）中，曾有四年考查到了有非法证据需要排除型认定案件事实题。对于这种题目，考生需要先将非法证据挑出来，在排除这些证据后，再利用剩下的证据认定案件事实。

对于这种试题，应当采用三段论的方式进行答题，即大前提、小前提和结论。大前提是相关的法律依据和理论，用证据认定案件事实型案例分析题需要使用的大前提是《刑事诉讼法》第55条第2款、第200条、《高法解释》第64条、第241条规定的证明标准以及刑事诉讼证明理论中的认定被告人有罪的证明标准"案件事实清楚，证据确实、充分"，以及"证据确实、充分"的三个条件：（1）定罪量刑的事实都有证据证明；（2）据以定案的证据均经法定程序查证属实；（3）综合全案，对所认定事实已排除合理怀疑。接着，考生应分析小前提，即分析题干中给出的证据能否证明上述三个条件，具体分析方法如下：第一，对于第一个条件"定罪量刑的事实都有证据证明"，先分析题干中给出的每个证据能够证明什么，再结合题干中被告人所涉嫌犯罪的构成要件，指出每个要件是否都有证据加以证明，如果有的构成要件没有证据加以证明，必须明确指出来。第二，对于第二个条件"据以定案的证据均经法定程序查证属实"，考生需指出题干中给出的证据相互之间能否印证，哪个证据与哪个证据之间能够印证，哪个证据与哪个证据之间存在矛盾，证据与案件事实之间能否印证，如果存在矛盾，也应当指出。第三，对于第三个条件"综合全案，对所认定事实已排除合理怀疑"，主要分析题干给出的证据相互印证后得出的结论是否唯一，如果不能排除其他的可能性，必须指出其他的可能性是什么。最后，在前面的大前提和小前提分析基础上作出结论。如果上述三个条件均符合，那就意味着达到定罪的证明标准，法院能够认定被告人有罪；如果上述三个条件得不到满足（只要有一个条件得不到满足），法院就只能作出证据不足、指控不成立的无罪判决。

需要注意的是，用证据认定案件事实型案例分析题不能仅仅满足于得出结论，还应当注重论证过程。在某种意义上，这类案例分析题中，论证过程的分值比结论的分值要多。

## 2. 找错型案例分析题

找错型案例分析题包括笼统发问型和具体发问型两种。

笼统发问型找错案例分析题一般会在题目中给出一个案件的诉讼过程，要求考生寻找公、检、法三机关在诉讼程序中的违法之处。在对找错型案例分析题作答前，要根据题目给出的分值，先确定要回答几个要点，看与自己找到的信息是否相符，做到心中有数，然后再写清序号，一一作答。对找错型案例分析题进行回答时，考生应从以下几个主要方面来思考：

（1）采取某一行为的主体是否有权进行这种行为；

（2）立案管辖和审判管辖是否符合法律规定；

（3）进行某一行为的根据是否符合法律规定；

（4）进行某种行为时，是否有相应的法律手续；

（5）是否有颠倒或者超越诉讼程序的现象；

（6）结束某一个诉讼阶段所使用的法律文书是否正确；

（7）进行某种行为，是否遵循了诉讼期间的规定；

（8）注意年龄（出生年月日）对诉讼程序的影响（比如未成年人刑事案件的特殊之处），等等。

具体发问型找错题，则针对具体的做法或者处理方式，询问是否正确。这种找错型问题考查的知识点和法律条文能够容易地辨别出来，相比笼统发问型找错题，易于作答。

### 3. 解决问题型案例分析题和制度分析型案例分析题

所谓解决问题型案例分析题，就是在问题中首先给出一定的情形，再询问公检法机关如何处理或者询问诉讼参与人如何参与诉讼或者获得救济。

制度分析型案例分析题，要么就单个具体的诉讼制度和诉讼程序规定设问，要么对多个具体的诉讼制度和诉讼程序规定设问，后者往往需要考生对相关的制度和程序进行比较后才能正确作答。

解决问题型和制度分析型案例分析题较为简单。这种案例分析题的问题已经将试题的考点指出来，考生只需要在记忆中搜索相对应的法律规定或者理论进行作答即可。在作答时，考生不仅要答出处理案件的方式，还应给出相应的法律依据或者理论依据。

## 二、刑事诉讼法案例分析题的评分标准①

### 2004 年司法考试卷四第 5 题

**原题（本题 12 分）案情：**某市公安局于 1999 年 1 月 4 日对刘某（男，24 岁）、张某（男，21 岁）持刀抢劫致人重伤一案立案侦查。经侦查查明，刘某、张某实施抢劫犯罪事实清楚，依法应当追究刑事责任。刘某、张某抢劫案于

---

① 以下内容引自司法部国家司法考试中心组编：《2004 年国家司法考试评卷分析》，中国政法大学出版社 2005 年版，第 51~52、54~59 页。

1999 年 3 月 30 日侦查终结，移送市人民检察院审查起诉。市人民检察院审查后，认为该案部分事实、证据尚需补充侦查，遂退回市公安局补充侦查。补充侦查完毕，再次移送市人民检察院。市人民检察院认为事实清楚、证据充分，遂向市人民法院提起公诉。法院审理过程中，被告人刘某当庭拒绝法院通知法律援助机构为其指定的辩护人为其辩护，要求自行委托辩护人；张某拒绝其自行委托的辩护人为其辩护，要求法院为其指定辩护人。合议庭经研究，同意二被告请求，并宣布延期审理。重新开庭后，张某在最后陈述中提出，其参与抢劫是由于刘某的胁迫，由于害怕刘某报复，以前一直不敢说，并提出了可以证明被胁迫参与抢劫的证人的姓名，希望法院从轻判处。法庭审理后认为，被告人张某、刘某构成抢劫罪，后果严重。根据刑法有关规定，判处刘某死刑，缓期 2 年执行；判处张某有期徒刑 10 年。一审判决后，刘某不服，以量刑过重为由向上一级法院提出上诉；张某未上诉，市人民检察院亦未抗诉。

✂ 问题：

1. 检察院在审查起诉期间退回补充侦查的案件，公安机关应在多长时间内补充侦查完毕？

2. 检察院在审查起诉期间认为案件需补充侦查时，可否不退回补充侦查，而由检察院自行侦查？

3. 重新开庭后，如果刘某再次拒绝自行委托的辩护人为其辩护，合议庭应当如何处理？

4. 重新开庭后，如果张某又提出拒绝法院通知法律援助机构为其指定的辩护人为其辩护，合议庭应如何处理？

5. 对于张某在最后陈述中提出其受胁迫的事实，合议庭应如何处理？

6. 刘某直接向二审法院提起上诉，二审法院应如何处理？

7. 假如刘某在上诉期内撤回上诉，一审判决从何时生效？

8. 假如本案受害人对一审判决不服，应在多长时间内请求人民检察院提出抗诉？人民检察院应如何处理？

### （一）参考答案及评分标准

1. 对于退回公安机关补充侦查的案件，应当在1个月内补充侦查完毕。（1分）

（评分标准：必须答出1个月，答"30天"或"31天"，不得分。）

2. 可以。（1分）

（评分标准：必须回答准确，方可得分。）

3. 不予准许。（1分）因被告人犯罪行为严重，有可能被判处死刑。（1分）

（评分标准：意思表示准确，即可得分。）

4. 应予准许。（1分）但被告人不得再另行委托辩护人，（1分）人民法院也不再通知法律援助机构另行指定辩护人，被告可以自行辩护。（1分）

（评分标准：必须回答准确，方可得分。）

5. 对于张某在最后陈述中提出其受胁迫的事实，合议庭应当恢复法庭调查。（1分）

（评分标准：答出"合议庭就事实重新调查审理"，可得分；答"延期审理""由检察院或公安机关补充侦查"，不得分。）

6. 第二审人民法院应当在 3 日以内将上诉状交原审法院送交同级人民检察院和对方当事人。（1 分）

（评分标准：答出"将上诉状交原审法院""3 日内将上诉状交原审法院"或"在法定期限内将上诉状交原审法院"，可得分，即对"3 日内""同级人民检察院"可不作要求；答"5 日或 7 日内将上诉状交原审法院"，不得分。）

7. 在上诉、抗诉期满之日起生效。（1 分）

（评分标准：答出"判决后第 11 日生效"，可得分；答"上诉期满次日起生效"，不得分。）

8. 被害人应自收到判决书后 5 日内请求人民检察院提出抗诉。（1 分）

（评分标准：必须准确答出"5 日内"，方可得分。）

人民检察院自收到被害人及其法定代理人的请求后 5 日内，应当作出是否抗诉的决定并答复请求人。（1 分）

（评分标准：答出"人民检察院自收到被害人及其法定代理人的请求后法定期间内，应当作出是否抗诉的决定"的，亦可得分。）

**（二）常见错误分析**

1. 对于这一单纯考查时限的题目，考生一般都能答对一个月，只有少数考生会在之后加上"可以延长半个月"等，把补充侦查期限与侦查终结、审查起诉期限等类似的期限发生记忆上的混淆，从而出错：

（1）时限错误："半个月"或者"2 个月"。

（2）前面时限正确，后面的补充错误："对于退回公安机关补充侦查的案件，应当在一个月内补充侦查完毕，但是案情复杂、期限届满不能侦查完毕的案件，可以经上一级人民检察院批准延长半个月。"

2. 常见的错误只有一种，就是考生对法条掌握不清楚，而回答"不可以"。

3. 此题是本次司法考试试卷四第 5 题中得分率最低的一题了，常见错误较多：

（1）结论错误："可以准许，法庭再通知法律援助机构为其指定一名辩护人"或者"可以准许，让其自行辩护"。

（2）没有明确结论："合议庭应当审查刘某的理由是否正当，认为正当的，应该准许；认为不正当的，不予准许"或者"如果刘某可能被判处死刑，则合议庭应当不予准许；如果刘某没有被判处死刑，则合议庭应该准许"。

（3）结论正确，解释错误，前后矛盾："不予准许，也可以由其自行辩护。"

4. 由于此题的提问与上述第 3 题的问题相似，以致许多考生将 3、4 两题的答案相互颠倒，甚至答案一模一样，常见错误有：

（1）结论错误："不予准许"。

（2）没有明确结论："合议庭应当审查张某的理由是否正当，认为正当的，应该准许；认为不正当的，不予准许"或者"如果张某可能被判处死刑，则合议庭应当不予准许；如果张某没有被判处死刑，则合议庭应该准许"。

（3）结论正确，解释错误："应予准许，但是允许其再委托辩护人。"

5. 对于本题，不少考生没有看清楚本案所处的阶段，或者没有将延期审理、补充侦查及休庭的情况区别开来，而发生错误：

（1）程序上的错误："恢复法庭辩论""宣布休庭""宣布延期审理""宣布延期审理，必要时可以要求公安机关或者检察院补充侦查"。

（2）内容上的错误："对于张某所提出的受胁迫的事实，合议庭不予采纳。"

6. 常见的错误：

（1）时间上的错误："第二审人民法院应在 5 日内将上诉状交原审人民法院送交同级人民检察院和对方当事人。"

（2）程序上的错误："第二审人民法院应当告知当事人直接向原审人民法院提出上诉。"

（3）"二审法院应当进行全面审查。"

7. 常见错误：

（1）"从上诉、抗诉期满之次日起生效。"我们知道次日也就是指第二日，但是判决应当是在上诉、抗诉期满后之第一日生效，因此，"次日"的表述是错误的。

（2）"在收到判决书后的 10 日以内生效。"

（3）"在上诉、抗诉期满之日后的 10 日以后生效。"

8. 常见错误：

（1）时限记错："3 日""10 日""2 年""20 年"。

（2）"人民检察院自收到被害人及其法定代理人的请求后 5 日以内，作出抗诉的决定"或者"人民检察院应当对被害人的请求进行审查，认为不符合要求的，应驳回请求，并答复请求人；认为符合要求的，应当提出抗诉，启动审判监督程序"。从这些答案中也反映出考生对二审程序和审判监督程序并没有理解，误以为二审程序就是审判监督程序，这是完全错误的。

# 刑事诉讼法论述题的答题技巧与评分标准

## 一、刑事诉讼法论述题的答题技巧

在备考刑事诉讼法学科的论述题时，考生首先应当储备一定的理论素材，比如本书第一个专题"刑事诉讼法概述"中的刑事诉讼基本理念、基本范畴、刑事诉讼法与刑法的关系、刑事诉讼法与法治国家的关系，第二个专题"刑事诉讼法的基本原则"中的重要原则，第十三个专题"刑事审判概述"中的审判原则、审判的特征等。考生在回答刑事诉讼法的论述题时，应当始终结合惩罚犯罪与保障人权、程序公正与实体公正、诉讼公正与诉讼效率这些基本理念来进行回答。如果题目和问题还涉及刑事诉讼的具体制度和程序，考生还应结合具体的诉讼制度和程序来进行回答，如 2004 年的论述题涉及刑事自诉附带民事诉讼制度；2015 年论述题涉及证据裁判原则、非法证据排除等制度。其次，在构思谋篇时，应当注意以下几个结合：第一，应当注意将理论和案例（或事例）密切结合，结合案例（或事例）分析理论，在案例（或事例）中总结理论。第二，将题干中出现的问题和解决对策结合起来，一方面分析问题产生的原因（包括立法和司法实践方面的原因、参与主体的主观原因、社会环境等方面的客观原因等），另一方面针对问题提出相应的完善建议，并分析这种建议的可行性。第三，将我国的制度与国外的制度结合起来，对中外进行比较，将国外的相关制度（含英美法系和大陆法系国家的制度）作为我国的借鉴。最后，在答题方法上，最好采用总分总的三段论的答题模式，每一部分开门见山表明观点，最后一段尽可能进行总结升华，拔高到宪法、法理学、中国特色社会主义法治理论的高度。

## 二、刑事诉讼法论述题的评分标准①

### 2004 年司法考试卷四第 7 题

**原题（本题 25 分）：** 甲男与乙女系隔壁邻居。因甲时常聚集三朋四友在家打麻将，有时通宵达旦，喧闹声严重影响了乙家正常的休息。乙多次到甲家说明自己身体不好，神经衰弱，且孩子要学习，希望甲夜晚不要扰民。一次甲家正在玩麻将，乙又敲门表示不满。甲认为乙在朋友面前扫了自己面子，遂出言不逊，辱骂乙神经病。乙亦怒斥甲不务正业，像个赌徒。双方由此发生争吵，引来邻里十数人，纷纷劝说双方忍让。甲恼羞成怒，上前拉住乙的衣服说："我是赌徒，你就是妓女。"乙羞愤不已，转身欲走，但被甲拉住。挣扎间致乙衬衣被撕破，上身部分裸露。乙遭此羞辱之后，神经受到严重刺激，神经衰弱加重，不能正常生活、工作，所在外企因此将其辞退。治病、休养、生活无来源，使乙身心、财产俱遭伤损。后有朋友告诉乙，此事不能作罢，一定要讨个说法。作为一名法律职业者，你认为根据我国法律的规定，有哪几种法律途径或方式可供乙选择，以维护其权益。针对本案的实际情况，你认为选择其中哪一种方式处理此事社会效果更好、更具优越性，并请阐明理由。

---

① 以下内容引自司法部国家司法考试中心组编：《2004 年国家司法考试评卷分析》，中国政法大学出版社 2005 年版，第 69 ~ 70、72 ~ 74、100 ~ 101 页。

≫ **答题要求：**

1. 运用掌握的法学和社会知识阐释你的观点和理由；

2. 说理充分，逻辑严谨，语言流畅，表达准确；

3. 字数不少于 500 字。

**（一）参考答案及评分标准**

本题司法部没有提供标准答案，对于题目中所描述的案情考生可能并不陌生，难点就在于如何运用法学知识从题中提炼出自己的观点，并能够自圆其说，言之有据，说理充分，逻辑严谨，语言流畅，表述准确。在试题和试卷的设计上突出实务性、综合性，更加注重对考生法学专业知识和分析能力、应用能力、文字能力、法律思维能力等综合解决法律问题能力的考查。阅卷组提供的参考答案及评分标准如下：

1. 刑事自诉附带民事诉讼。

2. 民事诉讼。

3. 治安处罚。

4. 人民调解。

≫ **评分标准**

| 没有明确观点 | 写出一种途径 | | 写出两种途径 | | 写出三种以上途径 | |
|---|---|---|---|---|---|---|
| 出现"诉讼""调解"字眼，前提是答题字数有一定长度 | 观点清楚，说理不充分，结构清楚，语言通畅 | 观点清楚，说理充分，逻辑严谨，语言流畅 | 观点清楚，说理不充分，仅罗列解释观点，比较甚少有一定逻辑语言通畅 | 观点清楚，说理充分，进行比较，逻辑严谨，语言流畅，语言通畅 | 观点清楚，说理不充分，仅罗列解释观点，比较论证不多，有一定逻辑语言通畅 | 观点清楚，说理充分，分析比较，逻辑严谨，语言流畅 |

| 没有明确观点 | 写出一种途径 | 写出两种途径 | 写出三种以上途径 |
|---|---|---|---|
| 3~5分 | 8~13分 | 12~17分 | 17~22分 |
| | 只列观点，说明很少，考虑下调2分 | | 极出色的答题可上浮，论证过程极差的可下调 |

注意：

1. 慎打0分和满分。

2. 字数可视为论证的形式标准，字数过少则可适当下调1分。

3. 向居委会、妇联等机构请求调解的方式，均视为人民调解，但分数应略低于明确回答人民调解者。

4. 若将双方协商、和解方式答为一种途径的，可适当增加2分。但如果已经写明三种标准答案途径，不另加分。

5. 忽视甲乙关系的调整，仅针对甲方的赌博行为谈及治安处罚，或乙方工作被辞要求民事赔偿，均不视为答题范围。

## （二）考生答题状况分析

以2004年司法考试网评天津试点2672名考生（缺考199人）得分情况为例，大多数考生能够正确选择两种或两种以上的法律途径，只答对一种或没有答对的考生只占少数。而在论述和文字表达方面的得分情况就相对差些，得14分以上者寥寥无几，说明考生的文字功底亟待改进。

## （三）解题思路与方法分析

这是一起典型的因邻里关系不和而引起纠纷的案件。案件情节并不复杂，解题的关键在于以下几点：①认真审题，领会出题者的意图何在；②根据题中所给信息，正确分析甲男行为的性质及二人之间的法律关系；③组织语言充分说理，表达自己的观点和理由。

对于第一点，最基本的就是要看清题目要求，即"根据法律规定，有哪几种法律途径或方式可供乙选择，以维护其权益。"此为要求之一。另外，"针对本案的实际情况，你认为选择哪种方式处理此事社会效果更好、更具有优越性，并请阐明理由"为要求之二。如果只看到其中的一个要求就匆匆作答，势必会影响得分。

对于第二点，要运用所学的法律知识作答。①甲时常聚集三朋四友在家打麻将，有时通宵达旦，喧闹声严重影响了乙家的正常休息，是一种侵权行为。不仅如此，在乙上门制止其不当行为时还出言不逊，辱骂乙为神经病，其行为已经违反了《中华人民共和国治安管理处罚法》的有关规定，应受到相应的处罚。②在双方争吵过程中，甲又辱骂乙是妓女，并将乙的衬衣撕破，致其上身部分裸露，该行为已经构成侮辱罪，可以向人民法院提起自诉，要求人民法院依法追究甲的刑事责任。③乙遭受侮辱后，神经受到严重刺激，神经衰弱加重，不能正常生活、工作，所在外企因此将其辞退。治病、休养、生活无来源，使乙身心、财产俱遭伤损。可见，甲的行为所造成的后果是双方面的，既有物质上的损失：失去工作丧失生活来源，以及治病所需费用；又有精神上的损害：神经衰弱加重，名誉受损，心灵遭受严重创伤。基于此，乙可以向人民法院起诉，要求甲赔偿自己的损失。至于起诉的方式，可以是民事诉讼，也可以是刑事附带民事诉讼。要注意的是，若要求精神损害赔偿，只能以提起民事诉讼的方式进行，而不能在刑事附带民事诉讼的请求中提出，因为附带民事诉讼的赔偿范围只限于因被告人犯罪行为所造成的物质损失。④若乙出于缩小案件影响范围及今后邻里关系的发展等考虑，也可以选择人民调解的方式解决纠纷。人民调解的优点是可以减弱双方之间的矛盾，且方式较为灵活，既可以向人民法院请求，也可以向居委会、妇联等机构提出，局限性是缺乏强制执行力，有时不能很好地保护受害者（弱势群体）的利益。因此，经人民法院调解达成协议的，审判人员应及时制作调解书，调解书经双方当事人签收后发生法律效力，这样更有助于对乙女权益的保护。

### （四）常见错误分析

通过对考生答卷的分析，我们发现有以下一些常见的错误和缺失：

1. 从整体上看，考生的文字功底普遍很差，语言组织能力有待加强。多份答卷都反映出来，一些考生疲于应付题目对于字数的要求，仅仅搬抄案例中的事实，没有自己的语言，即使有也是一些简单的非专业用语，基本谈不上文字的优美流畅。

2. 基础知识不扎实，这是答卷中反映最普遍的一个问题。一些考生甚至不能运用自己所学的法律知识提出一个明确的观点，对于案例所要考查的知识点知之甚少，如在低分答卷中，考生普遍不能提出一种明确的解决途径，而仅仅只能提到"调解""起诉"之类的字眼；还有一些答卷反映出考生对基础知识掌握不够透彻，只知其一不知其二，如对本案例中能否采用刑事自诉附带民事诉讼这一解决途径，有考生提出对于单纯的精神损害不能采用这种方式，但是在该案例中明显存在对乙女的物质损害，当然可以采取刑事自诉附带民事诉讼的途径，而一些考生却得出不能采取这种方式的论断。

3. 法律用语不够专业，这是答卷中普遍存在的另一个问题。很多考生无法用专业术语概括观点组织语言，表达方式不像法学专业的学生，表面看上去似乎和其他专业学生的用语相差无几。很多考生连基本的罪名都没有了解清楚，诸如"扰乱居民休息罪""诽谤羞辱罪"之类由考生杜撰的罪名层出不穷；很多考生想到采用调解这种解决途径，但是大部分都不能精确到人民调解，而只是提到可以向居委会或妇联请求调解，还有考生居然采用"向有关部门讨个说法"之类极不专业的用语。

4. 考虑问题不完善，不能提出完整的观点。绝大部分答卷中都只论及调解、民事诉讼、刑事自诉附带民事诉讼这三种解决途径，只有少数考生考虑到可以采用治安处罚的方式。

5. 说理不充分，论证没有说服力。在对各种解决途径分析比较得出结论时，采用的论据往往是对原案例事实的简单搬抄，不能很好地对各种途径进行对比，针对该案例分析各种方式的优劣，更少有考生能从法律精神的高度来进行论证。

6. 逻辑不严谨，思路不清晰。通过分析我们发现很多考生答题思路是混乱的，往往是想到哪里就写到哪里，整张答卷是一种无序的状态，以致改试卷的老师也无法理清其头绪。还有部分考生的答案前后存在逻辑矛盾，前面提到可以采用刑事自诉附带民事诉讼的方式，而在后面的对比中却在论述刑事诉讼，丝毫没有提及刑事自诉附带民事诉讼和其他几种途径相比较的优劣。

### （五）优秀答卷及点评

答：可以通过人民调解，提起刑事自诉或民事侵权诉讼解决。针对本案的实际情况，本人认为乙应对甲的行为提起刑事附带民事诉讼，此种方式既能达到震慑犯罪、教育群众的目的，又能达成补偿被害人损失的目的，在处理此事中达到了社会效果更佳、更优越的目的。

法作为依靠国家强制力来保证实施的调整社会关系的规范，其社会作用可有以下几方面：预防作用、教育作用、惩罚作用、指导作用和评价作用。由于各法律部门调整的社会关系不同，其作用的侧重点也不同。例如刑法主要是处理社会上严重的违法犯罪行为，以维护社会稳定和统治阶级的统治秩序为目的，其作用较侧重于惩罚和预防，这也是历代统治阶级调整社会关系的重点。从古今中外的法制史上就可以看出，刑法较其他法律部门发展得早且非常完备，就是因为统治阶级看中了刑法的惩罚功能和预防功能，最能有效维护其统治秩序，可见刑法在诸法中的国家强制力和处罚上是最强烈和最重的。而民法是调整平等民事主体之间权利义务关系的法，其作用则侧重于法的指引、评价作用。它没有用刑法那种激烈的方式处理社会关系，而是用一种公正、公平的方式处理相对缓和的社会关系，对人们在自己实施民事行为上起到指引作用，在看待他人之间的行为上起评价作用。当然当事人选择适用的法律必须适当，法律自身也提供了一定的标准。当事人的选择当然受此标准的约束，但此种约束不是以限制当事人的权利为目的，而是以平衡当事人的权利为目的。当事人应根据法律的指引、结合个案实际找到最佳结合点，在维护其合法权益的同时达到法作用的最佳发挥。

本案甲对乙在公众场合下实施侮辱，造成乙不能正常工作，生活无来源。从刑法的角度看甲已经构成侮辱妇女罪，由于不是很严重的犯罪，因此属自诉范围，而从民法的角度看甲侵犯了乙的名誉，给乙造成了损害，作为平等主体，甲应向乙赔偿损失，赔礼道歉。但如何在充分保护被害人权益的同时惩罚违法犯罪行为，笔者认为应用刑民相结合的方式解决，即刑事附带民事才能充分发挥法的社会作用。

**点评：** 该卷的答案得到 21 分。开篇点题，指出可以通过人民调解，提起刑事自诉或民事侵权诉讼解决，三种法律途径的选择都正确。针对案件的实际情况，考生认为乙应对甲提起刑事附带民事诉讼，这样所取得的社会效果更佳。在对"更佳"的论证中，涉及对刑法和民法作用的对比，借以说明当事人应根据法律的指引，结合个案实际，找到最佳结合点来维护其合法权益。那么，这个最佳结合点到底是什么呢？就是作者在结尾所指出的刑事附带民事诉讼。考生对答案的精心布局由此可见一斑。

# 《杨雄讲刑诉法》之主观题考前必背精华

## 一、刑事诉讼法概述

### 1. 刑事诉讼法与刑法的关系

（1）**工具价值**：通过组织、程序、证据方面保障刑法得以实现。

（2）**独立价值**：①刑诉法本身体现法治、民主、人权精神；②创制、弥补刑事实体法的不足；③影响刑事实体法实现。

### 2. 刑事诉讼法与法治国家的关系（集中反映在刑诉法与宪法的关系之中）

（1）刑诉法与宪法的关系密切：宪法是静态的刑诉法，刑诉法是动态的宪法。

（2）刑诉法（子法）保障宪法（母法）实现：通过刑诉法保证刑法的实施以及刑诉法本身的实施来实现。

### ★3. 刑事诉讼的基本理念

（1）**惩罚犯罪与保障人权**：二者既对立又统一，发生矛盾时，根据利益权衡的原则作出选择。

（2）**程序公正与实体公正**：

①体现：程序公正即过程公正；实体公正即结果公正（体现为认定案件事实正确和定罪量刑准确）。

②关系：二者既对立又统一，发生矛盾时，根据利益权衡的原则作出选择。

（3）**诉讼公正与诉讼效率**：公正第一，效率第二。

★4. **刑事诉讼目的**

我国通说：（1）**根本目的**：维护社会秩序。（2）**直接目的**：惩罚犯罪和保障人权。

其他学说：（1）**犯罪控制模式**：目的在于控制犯罪。

（2）**正当程序模式和正当程序主义**：维护正当程序，保障人权。

（3）**家庭模式**：维护和谐关系，解决问题。

（4）**实体真实主义**：①积极实体真实主义：不以保障无辜为前提，只追求实体真实，毫无遗漏地处罚犯罪；②消极实体真实主义：保障无辜的前提下，追求实体真实从而惩罚犯罪。

★5. **刑事诉讼价值**

（1）**秩序**：维护社会秩序和诉讼秩序；（2）**公正**：居于核心地位，包括实体公正和程序公正；（3）**效益**。

6. **刑事诉讼职能**

（1）**控辩审的关系**：审判中立、控辩平等、控审分离。

（2）①**行使审判职能的主体**：法院。②**行使控诉职能的主体**：检察院、被害人、自诉人及其法代人、诉代人。③**行使辩护职能的主体**：犯罪嫌疑人、被告人及法代人、辩护人。

★7. **刑事诉讼构造和刑事审判模式**

（1）**当事人主义**：当事人积极主动，适用于保障人权的诉讼目的。

（2）**职权主义**：专门机关积极主动，适用于实体真实的诉讼目的。

（3）**混合式诉讼**：混合当事人主义和职权主义的特征。

我国刑事审判模式：1979 年：超职权；1996、2012、2018 年：吸收当事人主义，沿控辩式庭审方式改革。

★**8. 刑事诉讼主体**（分为主要的诉讼主体和一般诉讼主体）

（1）**主要的诉讼主体：专门机关和当事人**（犯罪嫌疑人、被告人、被害人、自诉人、附带民诉原告人和被告人）。

（2）**一般的诉讼主体：即其他诉讼参与人**（包括法代人、诉代人、辩护人、证人、鉴定人、翻译人员）。

## 二、刑事诉讼法的基本原则

**1. 侦查权、检察权、审判权由专门机关依法行使**

（1）**分工**：①侦查权——公、检、国安、监狱、军保、海关、海警局；②检察权——检察院；③审判权——法院。

（2）**以审判为中心的刑事诉讼制度改革**：①强调侦查、起诉、审判三者要以审判为中心；②强调庭审实质化。

★**2. 严格遵守法律程序（程序法定原则）**

（1）**大陆法系的程序法定原则和英美法系的正当程序原则均要求：有法可依、有法必依。**

（2）**程序违法的后果**：①非法证据排除规则；②二审、死立执复核、死缓复核、违法所得没收程序二审、强制医疗案件复议中，发现原裁决程序违法，可能影响公正审判的，均应当撤销原裁决，发回重审。

★**3. 法院、检察院依法独立行使职权**

（1）**独立于其他行政机关、社会团体、个人；**

（2）**检察院**：上下级领导关系，**整体**独立；

（3）**法院**：上下级**监督**关系；**每一级**法院独立和法院**整体**独立。

4. **未经法院依法判决，对任何人不得确定有罪（法院统一定罪原则）和无罪推定**

**法院统一定罪原则**的体现：（1）以提起公诉为界区分犯罪嫌疑人、被告人；（2）控方负有证明被告人有罪的举证责任；（3）疑案作无罪处理：（审查起诉）证据不足不起诉或（一审）无罪判决。

**无罪推定**的含义：在确定有罪前，假定无罪。

5. **保障诉讼参与人的诉讼权利**

**体现**：要保障、不能剥夺；有权利就有义务（口诀）。

★6. **认罪、认罚、从宽**

**认罪**：如实供述、承认犯罪。

**认罚**：接受司法机关给出的刑罚。

**从宽**：实体上的从宽和程序上的从宽（适用更轻的强制措施、作出轻缓的程序性处理、适用更为便利和减少讼累的程序）。

★7. **具有法定情形不予追究刑事责任**

（1）情形：轻（显著轻微）告（告诉才处理）时（过时效）赦（特赦）他（其他）死（死亡）（口诀）。

（2）**处理方式**：

①**立案或受理阶段**：不立案或不受理；

②**侦查阶段**：撤销案件；

③**审查起诉阶段**：不起诉；

④**审判阶段**：显著轻微、死亡且无罪：宣告无罪；其余情形：终止审理。

## 三、专门机关和诉讼参与人

1. 注意公诉案件被害人的权利。

★2. 犯罪嫌疑人、被告人权利的分类：记住救济性权利即可，其他都是防御性权利。救济性权利包括上（上诉权）、申（申诉权）、控（控告权）、复（复议权）、变（申请变更、解除强制措施权）、异（对缺席审判的异议权）。

3. 法定代理人：法律规定产生；无限人才有；其权利基本同于被代理人，人身性质的权利不能代理；可违背被代理人意志。

4. 诉讼代理人：（1）委托主体包括：①被害人及其法代或者近亲属；②自诉人及其法代；③附民当事人及法代；④没收案件的嫌疑人、被告人及近亲属和其他利害关系人；⑤强制医疗案件的被申请人或被告人。（2）范围同辩护人。（3）权利限授权范围，代理意见必须与被代理人一致。

★5. 证人：（1）正面条件：知道案情，自然人；（2）禁止条件：生理上、精神上有缺陷或年幼，不能辨别是非、不能正确表达的人；（3）针对一般性事实作证；（4）诉讼外了解案件事实；（5）不属于回避对象；（6）具有人身不可替代性，优先性。

★6. 鉴定人：具备专门知识且有鉴定人资格；公检法指派或聘请产生；自然人；属于回避对象；可替代；诉讼内了解案情。

7. 翻译人员：公检法指派或聘请产生；翻译对象是外

国人或无国籍人、少数民族人员、盲、聋、哑人；属于回避对象。

★**8. 有专门知识的人参与刑事诉讼**：不是诉讼参与人；属于回避对象；具体包括四种人——（1）参加勘验检查的有专门知识的人；（2）专家辅助人；（3）审查起诉中对涉及专门技术问题的材料审查并提出意见的人；（4）进行检验的有专门知识的人。

## 四、管辖

★**1. 检察院管辖的案件**：（口诀）司法职权损公正侵民权，公安管辖职务犯罪需省检。

**2. 监察机关管辖的案件**：公职人员和有关人员的职务犯罪。

★**3. 法院管辖的案件**：（1）**纯自诉**（**亲告罪**）：侮辱诽谤＋虐待、暴力干涉＋侵占。

（2）**公兼自**（被害人有证据证明的轻微刑事案件）：主要注意轻伤害、重婚和遗弃。

（3）**公转自**（不能调解、不能反诉）。

4. **交叉管辖**：

（1）**监察机关管辖的案件与其他机关管辖的案件交叉**：监察为主，其他协助。

（2）**侦查中发现纯自诉**：告知向法院起诉；**若发现其他自诉案**：可一并侦查、起诉、审判。

（3）**法院审理自诉中发现公诉案件**：移送公安、检察、监察机关处理。

（4）**法院审理公诉中发现其他公诉**：可以建议检察院

补充或变更起诉。

**★5. 并案管辖**

情形：一人数罪、共同犯罪、共同犯罪的嫌疑人、被告人还实施其他犯罪的、存在关联的。

6. 级别管辖

★（1）**中院管辖的案件**：（口诀）国恐无死没缺。

（2）**上下级法院管辖流转**：上可审下、下不可审上、就高不就低。

**★7. 一般地域管辖**

**犯罪地为主，居住地为辅**：（1）犯罪地包括行为地＋结果地。（2）居住地：户籍地，不一致的以经常居住地；登记地，不一致的以主要营业地或主要办事机构地。

8. **指定管辖**：（1）**适用情形**：管辖不明、管辖不能；（2）**程序**：①管辖不明：先协商，协商不成的层报共同上级法院；②管辖不能：请求移送上一级法院（上一级可以自己管，也可指定）；（3）**案卷移送**：①公诉：案卷退回检；②自诉：直接移送。

9. **特殊地域管辖**：（1）**国际公约**：抓获地；（2）**外国人在境外**：被告人入境地或入境后居住地或被害人离境前居住地；（3）**领域外船舶或航空器**：最初停泊或降落地；（4）**国际列车**：先按照协定，无协定的，以最初停靠地或目的地；（5）**中国人在驻外使领馆**：主管单位所在地、原户籍地；（6）**中国人在领域外**：被告人入境地或离境前居住地或被害人离境前居住地；（7）**监狱的罪犯有漏罪**：原则上是原审地，犯罪地和服刑地也可管；（8）**监狱的罪犯有新罪**：原则上是服刑地；在外犯罪且当地抓获并发现犯罪，才由犯罪地管。

## 五、回避

1. **回避的适用对象**：审、检、侦、书、鉴、翻、专（有专门知识的人）。

2. **回避的法定理由**：（1）是当事人或近亲属；（2）有利害关系；（3）担任过证、鉴、辩、诉代、翻译的；（4）是辩护人、诉讼代理人近亲属的；（5）其他关系，影响公正；（6）请客送礼、违规会见（须证明）；（7）程序只能参加一次的（例外：二审或死核发回重审又回二审或死核的）。

★3. **申请回避的程序**

（1）**申请主体**：当、法、辩、诉。

（2）**申请方式**：书面或口头。

（3）**决定主体**：集体组织（审委会决定院长；检委会决定检察长和侦查机关负责人）→当官的（三"长"）→当兵的（三"长"以外的人）。

（4）**以非法定理由申请**：当庭驳回，且不得复议。

（5）**以法定理由申请**：①提出回避申请——（审查期间）——作出回避与否的决定，申请复议一次——（复议期间）——复议决定。②审查期间原则上程序停止，但侦查程序例外；复议期间，诉讼活动不停止。③申请复议一次的主体：被驳回回避申请的当、法、辩、诉。

## 六、辩护与代理

1. **辩护人的诉讼地位**：依事实、法律辩护；独立于公检法及嫌疑人、被告人；合法权益的专门维护者。

2. **有效辩护**：体现于整个诉讼过程；体现在自行辩护、委托辩护和法律援助辩护中。

3. **辩护的分类**：无罪辩护、罪名辩护、罪数辩护、量刑辩护、程序性辩护。

★4. **不能担任辩护人的范围**：（1）**绝对禁止**：无限人、无自由、受刑罚；（2）**相对禁止**：公检法安监利害、开除吊销陪审老外（若是近亲属、监护人，即可担任辩护人）。

5. **任职回避**：（1）法检离任 2 年内：不得以律师身份辩护，永远不能回原单位（但近亲属、监护人除外）；（2）法官的配偶、父母、子女（近亲属、监护人除外）；（3）检察官的配偶、子女（检察官无父母，无例外）。

6. **辩护人的人数**：（1）可委托 1~2 名；（2）不得为两名以上同案犯以及事实存在关联的嫌疑人、被告人辩护。

★7. **辩护人的阅卷权**：（1）非律师需检法许可，律师无须许可；（2）**时间**：审查起诉之日；（3）**范围**：①本案的案卷材料（诉讼文书和证据材料）（但评议笔录、审委会、检委会讨论记录除外）；②国家秘密需同意；查阅庭审录像应准许。

★8. **辩护人的会见、通信权**：（1）律师持三证会见，48 小时安排；（2）国恐侦查阶段律师会见须许可（有碍侦查或泄国秘就不许可）；（3）会见目的：了解案情、提供咨询，移送审查起诉之日才可核实证据；（4）不被监听、不能在场；（5）通信可检查，但只有"国安""公共""人身""毁证、串供"，才可截留复制、删改，向办案机关提供。

★9. **辩护人的调查取证权**：（1）非律师辩护人只能申

请调证，无自行调证权；（2）律师自行调证分两种：①向控方证人调证，须法、检许可和被调查人同意；②向辩方证人调证，只需被调查人同意；（3）辩护人可申请调取无罪、罪轻证据。

★10. 辩护人的提出意见权：（1）侦查终结前、审查批准、决定逮捕、复核死刑期间，律师提出要求的，应当听取意见；（2）审查起诉、速裁案件审理、二审法院决定不开庭审理的，应当听取辩护人的意见。

11. 辩护律师的参加庭审权：（1）**申请休庭的情形**：拒绝辩护、为新证据作辩护准备；（2）**庭审中与被告人交流的情形**：拒绝辩护、被告人供述发生重大变化。

★12. **申请变更解除强制措施的主体**：犯、法、近、辩。

13. **辩护人、诉代的救济权**：向检申诉、控告。

14. **律师的知情权**：重大程序性决定，应告知辩护律师。

★15. 辩护人的诉讼义务：（1）**特定证据开示义务**：（嫌疑人）不在场、年龄小、精神病；（2）**披露义务**：正实施或准备实施涉及国安、公共安全、他人人身的犯罪。

★16. **追究辩护人犯罪的程序**：（1）同案侦查机关回避；（2）应当及时通知律所或者所属律协。

★17. 委托辩护：（1）**公诉案件委托时间**：第一次讯问或采取强制措施之日；（2）**委托主体**：嫌疑人和被告人；在押的，可由监护人、近亲属代为委托；（3）辩护人接受委托后应当及时告知办案机关；（4）**侦查阶段辩护律师的权利**：提供法律帮助、代理申诉控告、了解情况、提出意见、申请变更解除强制措施、会见通信、调查取证。

★18. **法律援助辩护**：（1）**前提**：嫌疑人、被告人未委托辩护人；（2）**存在的阶段**：侦查、审查起诉、审判阶段；（3）**申请主体**：嫌疑人、被告人及其近亲属；（4）**指定方式**：公检法通知法律援助机构指派律师；（5）**应当法律援助的对象**：盲聋哑、精神病、无期、死刑、未成年（以到案和审判时年龄）、在境外的缺席被告人。

★19. **拒绝辩护**：（1）**应当法律援助的对象**：只能拒绝一次，若拒绝指派的律师，须有正当理由，最后必须有辩护人；（2）**其他**：拒绝2次，无须理由，最后只能自行辩护；（3）**拒绝辩护的程序**：①只会导致休庭，不会导致延期审理；②新辩护人准备时间15日，但自愿缩短时间的除外。

★20. **法律援助值班律师**：（1）**地位**：是法律帮助者，不是辩护人，不提供出庭辩护服务；（2）**前提**：所有案件和所有阶段没有辩护人的情形；（3）**职责**：咨询、选择、变更、意见、见证签具结书；引导申请法律援助、代理申诉控告；（4）**设立场所**：看守所、法院等。

21. **辩护人和诉代的区别**：尤其注意公诉案件委托时间不一样，被害人从审查起诉之日起委托诉代。

## 七、证据

1. **证据的基本特征**：（1）**关联性**：不具有关联性的证据（类似行为、品格证据、特定的诉讼行为、特定的事实行为、被害人过去的行为、表情）；（2）**合法性**：形式和程序合法，警犬辨认、心理测试结论等不具备合法性。

★2. **证据裁判原则**：依据合法的证据裁判，且该证据必须是法庭上查证属实的证据（除非法律另有规定），综合全案证据须达到法定证明标准才能认定案件事实。

★3. 刑诉法和排非司法解释关于非法证据排除的范围规定：（1）**供述**：①暴力或变相肉刑、威胁，使人遭受难以忍受的痛苦而违背意愿作出的供述；②非法限制人身自由获取的供述；③重复性供述（但换人、换阶段＋告知诉讼权利和认罪的法律后果＋自愿供述的除外）；（2）**证言、被害人陈述**：暴力、威胁、非法限制人身自由；（3）**物证、书证**：收集程序违法，严重影响司法公正，不能补正或作出合理解释（三条件同时具备）。

★4. 《高法解释》关于证据排除的范围（记住强制排除的范围即可，其余裁量排除）：（1）**物证、书证**（口诀）：更改疑问未解释，不能反映原件，不能证明来源；（2）**证言**（口诀）：未能出庭不真实，不能表达和感知，个别意见未翻（译）核（对）；（3）**被告人供述**（口诀）：地点不符、未录像（录音）、未翻（译）核（对）；（4）**鉴定意见**（只有强制排除）；（5）**辨认笔录**（口诀）：个别混杂有暗示，不是侦查（人员）来主持；（6）**电子数据强制排除**：篡改伪造、不真实；裁量排除：未封存、未注明、未签名。

★5. 侦查和审查逮捕、审查起诉阶段的排除程序：嫌疑人和辩护人可申请检察院排非；提供线索材料的，检应审查；审查后确属非法证据，提纠正意见且排除（不能作为移送逮捕和起诉的根据）。

★6. 重大案件侦查讯问合法性核查：（1）驻看守所检察人员核查；（2）询问嫌疑人且同步录音录像；（3）确属非法即排除。

★7. 审判阶段的排非程序：（1）**申请主体**：当、辩、诉；

（2）**申请时间**：开庭前是原则，庭审中是例外；（3）**条件**：提供线索、材料；（4）**应当召开庭前会议的条件**：庭前申排非且提供线索、材料，只能核实情况、听取意见，不能在庭前会议中排除；（5）**对证据合法性的调查程序**：①先行调查是原则，法庭调查结束之前调查是例外；②证明主体：检察院；（6）**调查后的处理方式**：①当庭决定是原则，再次开庭时决定是例外；②确有非法或不能排除存在非法，都排除；（7）**二审中应审查的情形**：对一审结论有异议；一审中未申请，二审中申请且说明理由。

8. **证据的法定种类**：（1）**物证**：物质属性和外部特征；**书证**：思想和内容；（2）**证人证言**：形式包括书面、口头、音像资料；（3）**口供**：①只有供述，不能定案；没有供述，也能定案；②仅有共犯的口供，也不能定案；③孤证不能定案；（4）**鉴定意见**：①对象：专门性事实问题；②形式必须是书面；（5）**勘验、检查、辨认、侦查实验等笔录**：①制作主体：办案人员；②勘验对象：现场、物品、尸体；检查对象：人身；（6）**视听资料、电子数据**：①形成于案发过程中（即诉讼开始前）；②电子数据以数字化形式存储。

9. **证据的理论分类**：（1）原始证据：来源于案件事实本身；传来证据：传递、复制、转述等；（2）直接证据包括：①能直接肯定或否定某人实施犯罪；②能直接否定犯罪的发生。物证是间接证据；（3）证人证言、被害人陈述、嫌疑人、被告人供述和辩解、鉴定意见、辨认笔录都属于言词证据。物证、书证、勘验、检查笔录属于实物证据。视听资料、电子数据一般认为属于实物证据；（4）有罪证据：

有罪、罪重、罪轻。

★**10. 证人、鉴定人出庭作证制度**

（1）**应当出庭作证的条件**：证人（有异议＋有影响＋有必要）；鉴定人（有异议＋有必要）。

（2）**可以不出庭的证人**：有病、交通不便。

（3）**证人不出庭的后果**：①强制证人出庭（被告人配偶、父母、子女除外），院长签发强制证人出庭令；②训诫，情节严重的由院长批准处十日以下拘留；③证言真实性无法确认即排除。

（4）**鉴定人不出庭的后果**：不得作为定案根据。有正当理由的，可以延期审理。

（5）**证人保护**：国恐黑毒等案中的证人、鉴定人、被害人及其近亲属。

（6）**证人补偿**：交通、住宿、就餐费用；单位不得克扣工资奖金，不补助鉴定人和被害人。

11. **行政证据转化为刑事证据**：（种类）物证、书证、视听资料、电子数据等。

★**12. 刑事证据规则**

（1）**调整证据能力和证明力规则的区分**：调整证明力的规则包括关联性规则和补强证据规则，其余是调整证据能力的规则。

（2）**补强证据的条件**：①有证据能力；②具有担保补强对象真实的能力；③有独立来源。

（3）**传闻证据规则**：传闻证据包括**庭外陈述**和**庭上转述**。

（4）**意见证据规则**：证人不得陈述对事实的意见或结

论；只针对证言。

（5）**最佳证据规则**（原始证据规则）：书证尽量提供原件，副本等需提供理由。

（6）**自白任意规则**：基于自由意志作出的供述，才是自白。

★**13. 证明对象和免证事项**

（1）**证明对象**：实体法事实（定罪和量刑的事实）和程序法事实；（2）**免证事项**：知晓常识规律，生效推定无异议；（3）证据事实不是证明对象。

14. **证明主体**：公诉机关和诉讼当事人。

★**15. 证明责任**

（1）**特点**：①与积极诉讼主张相联系；②提供证据责任与说服责任的统一；③与不利诉讼后果相联系。

（2）**分担**：①控方（检察院和自诉人）承担证明责任；②被告人在持有型犯罪中承担提出证据责任；③法院不负证明责任，可以调查核实证据；④辩护人不负证明责任。

16. **证明标准**

（1）**立案**：有犯罪事实；（2）**逮捕**：有证据证明有犯罪事实；（3）**侦查终结、提起公诉、有罪判决**的标准：犯罪事实清楚，证据确实充分——定罪量刑的事实都有证据证明；查证属实；排除合理怀疑。


## 八、强制措施

1. **适用原则**：必要性原则、相当性原则、变更性原则。

2. **拘传**：（1）对象：未被羁押的嫌疑人、被告人；（2）主体：公检法决定和执行；（3）地点：所在的市县；（4）时间：一般12小时，特别重大复杂且需要拘留、逮捕，则不超24小时。

**★3. 取保候审**

（1）**决定机关**：公检法（保证方式、保证金数额、酌定义务）；**执行机关**：公安、国安。

（2）**适用对象**：①正面条件（口诀）：徒刑以下，危险不大，人道主义，超期羁押；②反面条件：累暴主犯，自伤自残（例外是人道主义和超期羁押）。

（3）**保证方式**：①保证金和保证人不能并用；②保证金保证：交执行机关指定银行账户；依据人、案两因素确定数额；③保证人保证：条件是"无牵连、有能力、有权利、有自由、有住处、有收入"；义务是"监督和报告"；责任包括行政责任（罚款）和刑事责任（无民事责任）。

（4）**义务**：①法定义务，主要记住执行机关批准离开居住的市、县；24小时报告住址、工作单位、联系方式的变动；②酌定义务：三个特定、两个证件。

（5）**期限**：12个月（同一阶段连续计算，不同阶段重新计算）。

**★4. 监视居住**

（1）**监视居住的条件**：①符合逮捕条件且出于人道主义考虑（有病、不理、孕婴妇女、扶养）；②符合取保条件但不能提供两种保证方式。

（2）**指监居的条件**：①无固定住处；②国、恐住所有碍侦查，上一级公安机关批准。

（3）**指监居地点**：不得在羁押场所、办案场所执行。

（4）**指监居后的通知**：24 小时内通知家属（无法通知除外）。

（5）**指监居折抵刑期**：①管制：1∶1；②拘役、有期徒刑：1∶2。

（6）**义务**：主要注意执行机关批准离开监视居住的处所、执行机关批准会见他人和通信、三证交执行机关保存。

（7）**执行方法**：电子监控、不定期检查；侦查期间可对通信监控。

（8）**期限**：6 个月（同一阶段连续计算，不同阶段重新计算）。

### 5. 刑事拘留

（1）**决定与执行机关**：①决定机关：公检；②执行机关：公安。

（2）**先行拘留的对象**："认预发捕、企毁名流留"。

（3）**出示拘留证**，例外是紧急情况且符合先行拘留的前八种情形之一。

（4）24 **小时内送看守所、讯问、通知**（无法通知和国、恐有碍侦查除外）。

（5）**异地拘留、逮捕**：应当通知当地公安，当地公安应配合。

（6）**期限**：①公安：3＋7；7＋7（特殊）；30＋7（流结多）；②检察院：A. 对直接受理的案件：14 日或 17 日；B. 对监察机关移送的留置案件：10 日或 14 日。

### ★6. 逮捕

（1）**逮捕的条件**：①一般逮捕：有证据证明有罪事实＋徒刑以上＋有社会危险（认罪认罚情况是社会危险性因素之

一）；②径行逮捕：有证据＋十年以上；有证据＋徒刑以上＋曾经故意犯罪或身份不明；③转化逮捕（可适用徒刑以下）：违反取保、监居的规定，情节严重的。

（2）①**批准主体**：检察院；②**决定主体**：检察院、法院；③**执行主体**：公安（必须出示逮捕证）。

（3）①逮捕后立即送看守所；②24小时内通知家属（无法通知的除外）；③24小时内讯问。（口诀：谁办案、谁讯问、谁通知）

（4）**对外国人的逮捕**：①特殊的外国人（涉及国安、政治外交、疑难）；需要逮捕的，报最高检审查，征求外交部意见后批复；上级检不批捕，也是批复；决定由报请逮捕的检察院作出；不批捕可由报请逮捕的检察院直接作出。②一般的外国人：决定批捕的检察院48小时内报上一级检察院备案，同时通报同级政府外事部门。

（5）**审查批捕的程序**：①审查后的处理：批捕与不批捕；②公安机关对不批捕先复议后复核；必须立即释放或变更强制措施；③应当讯问嫌疑人的情形（口诀）：有疑问、有要求、有违法、未成年、精神病、盲聋哑、重大疑难复杂；④可以询问证人等诉讼参与人。

（6）**逮捕后的羁押必要性审查**：①主体：检察院刑事执行检察部门；②启动：犯、法、近、辩申请或者检依职权；③方式：审查理由和材料、听意见、查身体；④处理：向办案机关提出释放或变更强制措施的建议（应当建议的情形：没有犯罪；徒刑以下；可能超期羁押；符合取保、监居）。

**7. 强制措施的变更和解除**：（1）可以变更：人道主义；

（2）应当变更或释放：期限届满。

## 九、附带民事诉讼

1. **成立前提**：以刑事诉讼成立为前提。

2. **附带民事请求权人**：检（国家集体财产受损＋受损单位未提）、法、害、亲。

3. **附带民事赔偿责任人**：共、告、监、继。

★4. **附带民事诉讼赔偿范围**

（1）**可赔**：①人身权利（赔偿医疗费、护理费、交通费、误工费、残疾生活辅助具费、丧葬费）；②财物被毁坏的。

（2）**不赔**：精神损失、可得利益和间接损失、非法占有、处置、职务犯罪、引民纠纷。

5. **提起时间**：刑事案件立案之后及时提；二审中提出附民或增加诉讼请求或者反诉，可调解，调解不成，告知另行起诉。

6. **只告部分侵害人的**：法院应当告知其可以一并提以及不提后果；在逃的同案犯不列为附民被告。

★7. **附带民诉调解**：侦查、起诉中调解达成协议履行完毕，审判中又提起——法院不受理（违反自愿、合法原则除外）；应制作调解书（即时履行完毕的除外）。

★8. **财产保全**

（1）**启动方式**：附民原告和检可申请；法院依职权；

（2）**保全方式**：查封、扣押、冻结；

（3）**诉前保全和诉中保全**：以提起附带民诉为界限。

★9. **附带民诉裁判**：可以调解或根据物质损失裁判。

★10. **检察院提起附带民诉的**：赔给受损单位或继受人，无继受人的，由检察院上缴国库。

★11. **附民当事人不到案的处理**：（1）附民原告：按撤诉处理；（2）刑事被告人以外的附民被告：可缺席判决。

★12. **准许检撤诉的公诉案件**：对附民可调解，调解不成，裁定驳回起诉，告知另行提民诉。

13. **审判中刑事无罪但民事要赔偿的**：刑民一并处理（附民可调可判）。

## 十、期间、送达

1. **期间的起算**不包括开始的时和日。

2. 期间的最后一日为节假日的，以节假日后的第一日为期满日期（但羁押期限不得因此而延长）。

3. **法定期间不包括路途上的时间**（如文书在途期间）。期满前已交邮的，不算过期，已交邮以当地邮局所盖邮戳为准。

4. **重新计算**：（1）重新计算期间仅适用于公安司法机关的办案期限，不适用于当事人行使诉讼权利的期限。（2）重新计算的情形：发现另有重要罪行、补充侦查、改变管辖、发回重审、简易转普通。

5. **送达**：（1）**直接送达**：送给收件人本人及成年家属或所在单位的负责收件的人员；（2）**留置送达**：前提是拒收，调解书不能留置送达；（3）**委托送达**：只能委托公安司法机关送达；（4）**转交送达**：适用于人身自由被限制的人。

## 十一、立案

**1. 报案、举报和控告的区别**

（1）**报案**：主体是被害人或第三人，不能指出犯罪人；（2）**举报**：主体是第三人，能指出犯罪人；（3）**控告**：主体是被害人，能指出犯罪人。

**2. 立案的条件**

（1）**公诉案件**：有犯罪事实，需要追究刑事责任。

（2）**自诉案件**：①属于自诉案件范围；②本院管辖；③被害人告诉（不能告诉或不敢告诉的，由法代或近亲属告诉或代为告诉）；④明确的被告人、具体的诉讼请求和证据。

**★3. 立案的程序**

（1）**初查**：可采取不限制被调查对象人身、财产权利的措施；但不得适用强制措施、强制侦查手段、技术侦查措施。

（2）**处理**：①处理方式：立案和不立案；②不立案的决定应当告知控告人；③控告人不服的，可以向原决定机关申请复议；④移送案件的行政执法机关不服的，可向原决定的公安机关申请复议，但不得申请复核。

（3）**检察院的立案监督**：①对象：应立而不立和应不立而立；②方式：先要求说明理由，理由不成立则要求立案或撤案。公安对撤销案件的通知，可先复议后复核。

## 十二、侦查

**★1. 讯问犯罪嫌疑人**：（1）**时间**：传唤、拘传到案讯问一般12小时，最长24小时。（2）**地点**：①被羁押的：应当在看守所讯问室内；因客观原因侦查机关在看守所讯问室以外的场所进行讯问的，应作合理解释。②未被羁押的：现场（需出示工作证件，才可以口头传唤）；住处；指定地点；检察院、公安机关。（3）讯问时的告知：告知诉讼权利，如实供述可从宽处理和认罪认罚的法律规定。（4）有关的问题应如实回答，无关的有权拒绝回答，无沉默权。（5）应当同步录音录像的情形：无期、死刑、重大、职务犯罪。（6）自行书写供述的，应当准许。

★2. **询问证人、被害人**：（1）**地点**：现场、单位、住处或者证人提出的地点、检察院、公安机关（不得另行指定其他地点）；（2）告知如实作证，否则承担伪证罪；（3）个别询问，不得诱导询问。

★3. **讯问、询问特殊主体**：（1）**聋哑人**：应有通晓聋、哑手势的人参加。（2）**未成年人**：应通知法定代理人或其他合适成年人在场。（3）**女性未成年人**：应有女工作人员在场。

4. **勘验、检查**：（1）勘验的对象：场所、物品、尸体；检查的对象：活人的身体（包括嫌疑人、被害人）；（2）**主体**：检查妇女的身体只能是女工作人员或医师；（3）需要勘查证和见证人到场；（4）**方式**：①对被害人不能强制检查，对嫌疑人可强制检查；②解剖尸体通知死者家属到场；（5）不得侦查实验的情形：造成危险、侮辱人格或有伤风化。

★5. **搜查、扣押、查封、冻结**：（1）搜查妇女的身体：由女工作人员进行；（2）搜查证：需要搜查证；但执行逮捕、拘留且有紧急情况时可无证搜查；（3）搜查应有被搜查人或他的家属、邻居或其他见证人在场［不能担任见证人的人：（口诀）有职权、影响大、不能辨别和表达］；（4）查、扣、冻针对的对象：犯罪证据、违禁品、危险品；查封针对不动产和特定动产；扣押针对动产；冻结针对账户；（5）扣押不需要扣押证，但需见证人、制作清单两份；扣押邮件、电报、电子邮件，需经公安机关或检察院批准；（6）侦查中不能扣划。

**6. 收集、提取电子数据**：以扣押原始存储介质为原则，以直接提取电子数据为例外，以打印、拍照、录像等方式固定为补充。

7. **鉴定**：（1）对嫌疑人、被告人的精神病鉴定期间不计入办案期限；（2）鉴定意见的告知对象：犯罪嫌疑人、被害人，其可申请补充、重新鉴定。

★8. **技术侦查**：（1）**适用范围**：国恐黑毒、侵人权、人保全；（2）**决定机关**：公安、国安、检；**执行机关**：公安和国安；（3）**适用对象**：犯罪嫌疑人、被告人以及与犯罪活动直接关联的人员；（4）**期限**：N 个 3 月；（5）涉密的材料要保密；无关的则销毁；（6）隐匿身份实施侦查不得诱使他人犯罪、危害公共安全、重大人身危险；（7）**控制下的交付适用范围**：给付毒品等违禁品或者财物的犯罪；（8）**证据运用**：应法庭调查查实（危及人身安全或其他严重后果时，可庭外核实）。

9. **辨认**：**个别辨认、混杂辨认**（公安：不少于 7 人、10 人照、5 物；检察院：人及其照 5－10，物及其照不少于5）；**不得暗示规则**。

10. **通缉**：（1）**决定主体**：公安机关和检察院；（2）**发**

布主体：公安机关（注：超出自己管辖的地区，应报请有权决定的上级机关发布）；（3）**对象**：应当逮捕而在逃的嫌疑人，逃犯。

★11. **对非法侦查行为的救济**：（1）**申请主体**：当辩诉利；（2）**对象**：应放不放；应退不退；违法查、扣、冻；（3）先向非法侦查机关申诉控告，处理后不服的，再（公安的）向同级检或者（检的）向上一级检申诉。

12. **侦查终结**：（1）公安侦查终结后移送检察院的；应将案件移送情况告知嫌疑人及其辩护律师。（2）嫌疑人自愿认罪的，侦查机关应记录在案，随案移送，并在起诉意见书中写明有关情况。

13. **侦查羁押期限**：（1）2＋1＋2＋2＋无期；（2）**另有重要罪行的**：自发现之日起重新计算（公安应报检察院备案）；（3）**身份不明的**：查清身份之日起计算。

## 十三、起诉

1. **刑事起诉制度**：（1）公诉独占主义（排除自诉）和公诉兼自诉制度，我国是公诉为主、自诉为辅；（2）起诉法定主义（无裁量权）和起诉便宜主义（有裁量权，如酌定不起诉）。

2. **审查起诉的程序**：（1）**管辖**：与审判管辖对应。审查发现没有管辖权：移送有管辖权的检察院，并通知移送的公安；（2）**必经步骤**：应当讯问嫌疑人，听取被害人、诉代、辩护人或值班律师的意见；（3）**监察机关留置向强制措施的变更**：对监察机关移送起诉的已留置案件，检察院应对其先行拘留，留置自动解除。检察院在 10 日或者 14 日内作出是否适用强制措施的决定。检察院决定采取强制措施的期间不计入审查起诉期限；（4）**认罪认罚案件的审查起诉**：①告知权利和认罪认罚的法律规定，就犯罪事实、罪名、法律适用、量刑建议和程序适用听取意见。②签署认罪认罚具结书：需有辩护人或值班律师在场；盲聋哑、精神病、未成年人的法辩有异议的，不签具结书。③未成年人认罪认罚：三方同意即签具结书，不签但未成年人认罪认罚的仍可从宽；（5）**退回两次补充侦查还有新罪**：应当移送公安立案侦查，若事实清楚、证据充分，应当提起公诉；（6）**遗漏罪行和同案犯的**：应当要求补充移送审查起诉，事实清楚、证据充分，直接公诉；（7）核准追诉就是核准起诉，核准前不影响侦查和强制措施适用；（8）**速裁案件的审查起诉期限**：一般 10 日，超一 15 日。

3. **审查起诉结果**：（1）**提起公诉**：①条件：犯罪事实清楚，证据充分，需要追究刑事责任；②材料移送：案卷材料和全部证据；③认罪认罚案件中检察院应提量刑建议；（2）**程序倒流和不起诉**：犯罪事实并非嫌疑人所为，应当作出不起诉决定，书面说明理由，退回公安建议重新侦查。

★4. **不起诉**

（1）①**法定不起诉**：没有犯罪事实和刑诉法第 16 条的"轻告时赦他死"；无裁量权，不能再起诉；②**酌定不起诉**：犯罪情节轻微，不需要处罚；有裁量权；不能再起诉；③**证据不足不起诉**：一次退回可以；两次退回应当；可再起诉。

（2）**不起诉决定程序**：三类均为检察长或检委会决定；公开宣布、立即生效；监察机关移送案件，不起诉决定报上一级检察院批准；送达给三方。

（3）**救济**：①公安机关：先复议后复核；②监察机关：向上一级检提请复议；③被害人对三类不起诉向上一级检申诉或直接自诉；④被不起诉人对酌定不起诉向原决定检申诉。

（4）**对人和物的处理**：①对人：在押的立即释放、训诫、赔礼道歉、赔偿损失；建议行政处罚、处分；②对物：解除查封、扣押、冻结；死亡的：检向法申请没收违法所得。

（5）**特殊情况下的不追究**：①实体要件：如实供述，有重大立功或涉及国家重大利益；②程序要件：最高检核准；③处理：撤销案件或不起诉（可对人不起诉，也可对某个罪不起诉）。

5. **撤回、追加、补充、变更起诉**：（1）**情形**：①撤回起诉的情形包括法定不起诉、证据不足不起诉和程序倒流的情形；②追加补充起诉的情形：漏人和漏罪；③变更起诉的情形：身份、事实、罪名、适用法律错误；（2）**撤回起诉的程序**：①撤回起诉后作不起诉决定，需要重新侦查的，书面说明理由退回公安建议重新侦查；②有新的事实、证据，可再起诉。

★6. **补充侦查与补充调查**

（1）**审查批捕阶段**：不批捕的同时需要补侦的，应当同时通知公安机关。

（2）**审查起诉阶段**：①条件：事实不清、证据不足、漏罪、漏人；②对公安的案件：可退回公安补侦（2次，一次一个月）；可由检自行侦查；③对监察机关移送的案件：应退回监察补充调查（2次，一次一个月）；也可由检自行补充侦查。

（3）**审判阶段**：①启动：检察院建议或法院建议，注意法院可以建议情形是被告人提出新的立功线索；②只能由检补充侦查（2次，一次一个月），期限内未申请恢复庭审，按撤诉处理。

## 十四、刑事审判概述

1. **特征**：（1）**职权性**：案件起诉到法院，即有义务有职权审理裁判；（2）**亲历性**：裁判者自始至终参与审理、充分听取意见；（3）**程序性**：严格遵循法定程序，违反程序带来程序性后果。

★2. **审判公开原则**：（1）**范围**：①应当不公开的：国秘、隐私、未成年人（审判时未满18）；②可以不公开：当事人申请的商业秘密；（2）未成年人案件不公开审理时，未成年人和法定代理人同意，学校和未成年人保护组织的代表可到场（3）宣判一律公开，评议一律秘密；（4）未成年人公开宣判时，需要封存犯罪记录的：不组织旁听，且告知不得传播信息；（5）公开审理时，需要封存犯罪记录的：不组织旁听；（6）不得旁听人员：精神病、醉酒、未经批准的未成年人。

★3. **直接言词原则**：（1）**直接原则**：法官见人、见证据；（2）**言词原则**：口头陈述。

★4. **集中审理原则**：（1）**体现**：审判不断、人员不换；（2）**意义**：实现审判公正和效率，实现辩护权和迅速审判权。

5. **两审终审制度的例外**：（1）**一审终审**：最高院一审；（2）**两审不终**：死刑、法定刑以下判处刑罚的案件。

6. **审判组织**

（1）**独任庭**：只适用于基层法院、简易程序（三年以下的案件，可以独任审判）、速裁程序；只能由审判员组成独任庭。

★（2）**合议庭**：①人数和组成：基层和中级的一审由审判员3人或由审判员和陪审员共3人或7人；高级一审由审判员3－7人或由审判员和陪审员共3人或7人；最高一审由审判员3－7人；二审由3－5个审判员；死刑复核由3个审判员；减刑假释、没收和强制医疗必须合议庭；②不开庭审理的，应当阅卷；③下列由审判长提请院长或者庭长决定组织相关审判人员共同讨论，合议庭成员应当参加：一群分新难。讨论意见供合议庭参考；④评议：少数服从多数原则；合议庭成员全部签名。

7. **人民陪审员**：（1）禁止性条件：公检法安监司人，公律仲工，开吊惩处失信人。（2）基层从本院陪审员名单中随机抽选，中级和高级从本辖区内的基层的陪审员名单中随机抽取。（3）陪审员参审案件范围：申请公共群体，关注社会影响。

8. **审判委员会**

（1）应当提交审判委员会讨论的案件：死刑、抗诉。（2）提交审判委员会讨论的程序：合议庭、独任审判员认为难以作出决定→提请院长决定→提交审判委员会讨论。（3）审判委员会的决定，应当执行。有不同意见的，可以建议院长提交审判委员会复议。

## 十五、第一审程序

1. **公诉案件庭前审查后的处理方式**：（1）起诉书中有

明确的指控犯罪事实并且附有案卷材料、证据，应当决定开庭审判；（2）告诉才处理的，退回检察院，并告知被害人有权提起自诉；（3）不属于本院管辖或者被告人不在案的、撤诉后没有新的事实、证据重新起诉的，退回检察院；（4）材料不齐的，要求补送；（5）刑诉法第16条第2－6项，终止审理或退回检察院；（6）真实身份不明，但符合"事实清楚、证据确实充分"的，应依法受理。

★**2. 庭前会议**：（1）**召集主体**：审判人员（可以召开庭前会议）。（2）**参与主体**：公诉人、当事人和辩护人、诉代人（可以通知被告人参加）。（3）**可以召开庭前会议的情形**：（口诀）申请排非；影响重大；材料较多；重大复杂。（4）作用：对程序问题了解情况，听取意见。（5）对有异议的证据，庭审重点调查；无异议的，庭审可以简化。（6）可对附民调解。

**3. 法庭审判**

（1）①被害人、诉代人不来，不影响开庭；②辩护人不来：被告人同意的，可开庭（但应法援的除外）。

（2）**开庭**：认罪认罚案件中，审判长告知权利和认罪认罚的规定，审查认罪认罚是否自愿、真实、合法。

★（3）**法庭调查**：①总顺序：公诉人宣读起诉书→被告人、被害人陈述→讯问、询问被告人→询问被害人→询问证人、鉴定人→出示物证、宣读鉴定意见和有关笔录。

②原则：先控方证据，再辩方证据；先人证，后物证；先活的，后死的。

③询问证人、鉴定人：谁提请的谁先问；单独询问；证人、鉴定人不能旁听。

④专家辅助人：公、当、辩、诉申请出庭；对鉴定意见提意见；出庭适用鉴定人的规定；不得旁听；属于回避对象。

⑤法庭调查权：对证据有疑问；不可用搜查；可通知控辩双方参加；须经当庭质证才可作定案根据（庭外征求意见，双方无异议除外）。

⑥合议庭发现有自首、坦白、立功的材料未移送：应当通知检察院移送。

（4）**法庭辩论**：①对象：事实证据和适用法律问题；②顺序：先控方后辩方。

（5）**被告人最后陈述**：①不能被剥夺、他人代替；②未成年人陈述后，法代可补充陈述。

（6）**判决种类**：①有罪判决；②无罪判决（包括确实无罪和证据不足的无罪）；③不负刑责的判决（不满16岁和精神病，不予处罚的）。

（7）**认罪认罚案件中对指控罪名和量刑建议的采纳**：认罪认罚案件，法院一般应采纳检指控的罪名和量刑建议，但"不构罪"、"不追究"、"不自愿"、"不认罪"、"不一致"的是例外。量刑建议明显不当或提出异议的，检可调整量刑建议。检不调整或仍明显不当的，法院应依法作判决。

（8）**变更罪名**：①判决事实与起诉事实一致的，可变更；②法院发现新事实，可能影响定罪的：可以建议补充、变更起诉；检若不同意，法院就起诉指控的犯罪事实作裁判。

（9）**撤诉**：公诉撤回，审查是否有罪；自诉撤回，审查自愿性；有新事实、证据，均可再起诉。

### 4. 延期审理

（1）**情形**：回避、新证据、补充侦查、变更、追加起诉等；（2）适用"决定"；（3）适用于审理过程中，不能停止法庭审理以外的诉讼活动；（4）**期间的计算**：①计入审限：新证据；申请回避；②重新计算：补充侦查、变更、追加起诉。

### 5. 中止审理

（1）**情形**：病了、跑了；（2）适用"裁定"；（3）适用于法院受理案件后至作出判决前；暂停一切诉讼活动；（4）不计入审限。

### 6. 终止审理

（1）**情形**：第16条第2－6项；没收程序中人回来了；（2）适用"裁定"。

### 7. 对违反法定秩序的处理方式

（1）适用于诉讼参与人和旁听人员；（2）警告、训诫：情节较轻，审判长口头决定；（3）强行带出法庭：不听制止，审判长口头决定；（4）罚款：院长书面决定，1000元以下，可向上一级复议；（5）拘留：院长书面决定，15日以下，可向上一级复议；（6）暂扣存储介质：未经许可录音、录像、发微博等传播庭审情况；审判长决定；（7）律师被强行带出法庭、罚款、拘留，应通报司法局，可建议处罚。

### ★8. 简易程序

（1）**适用范围**：一审、基层法院。

（2）**条件**：证据足、事实对、同意简易和认罪（口诀）。

（3）**不适用的情形**：盲聋哑、精神病、影响大、不认罪、不构罪、辩无罪（口诀）。

（4）**程序启动**：检法启动，法院和被告人两方同意即可用。

（5）**审判组织**：①3年以下：合议庭或独任庭；②超过3年：合议庭。

（6）**审理程序**：①公诉案件中检察院应当派员出庭；应当通知辩护人出庭；②应当告知被告人适用简易程序规定＋确认是否同意＋询问对指控事实的意见；③被告人最后陈述不能省略；④对事实证据无异议的，可直接围绕罪名和量刑审理；⑤一般应当当庭宣判。

（7）**简转普**：注意被告人可能不负刑责，应从简转普。

（8）**审理期限**：3年以下：20日；超过3年：1.5个月。

★9. **速裁程序**

（1）**适用范围**：一审、基层法院。

（2）**条件**：证据确实充分、事实清楚、同意速裁、认罪认罚、三年以下。

（3）**不适用的情形**：盲聋哑、精神病、未成年、影响大、不认罪罚、不调（解）和（解）（口诀）。

（4）**程序启动**：检法启动，法院和被告人两方同意即可用。

（5）**审判组织**：独任庭。

（6）**审理程序**：①不受送达期限限制；②一般不进行法庭调查、法庭辩论；③应听取辩护人的意见和被告人的最后陈述意见；④应当庭宣判。

（7）**审理期限**：一般10日，超一15日。（与速裁案件的审查起诉相同）

（8）**速裁转简易或普通的情形**：不构罪、不追究、不自愿、不认罪。

10. **量刑程序**

（1）**地位**：相对独立的量刑程序；（2）**检察院提量刑建议**：一般应当有幅度；应当在法定幅度内提（有减轻或者免除处罚情节除外）；（3）**量刑意见的提出主体**：当事人、辩护人、诉代。

★11. **自诉案件的受理和审理**

（1）**应说服撤诉或不予受理的情形**：①没法审（不属自诉案；缺罪证；下落不明）；②没必要审（过时效、死亡、除了证据不足外的撤诉以及调解结案后又以同一事实起诉）。

（2）**调解**：公转自除外；应当制作调解书，签收时生效。

（3）**和解**：三类均可。

（4）**撤诉**：三类均可，撤诉分为两类：①裁定按撤诉处理：经两次传唤，无正当理由不来或走了（附民传1次）；②申请撤诉。

（5）**反诉**：公转自除外；对象是自诉人；与本诉有关；性质相同；判决宣告前提出。

（6）**自诉案的可分性**：放弃告诉后，不得提自诉，但可另行提起民诉。

12. **单位犯罪案件诉讼程序**

（1）**诉讼代表人**：①单罚：法代或主要负责人；②双罚或无法出庭：职工或其他负责人（被追责或作证的除外）；③确定方式：被告单位委托，检察院确定；④法代或主要负责人，可拘传；职工或其他负责人，不可拘传，只能另行确定。

（2）**审理障碍**：①单位死了不追究但需要追究主要负责人，继续审理；②分立合并后，原单位列为被告，罚金以在新单位的财产和收益为限。

## 十六、第二审程序

**★1. 上诉与二审抗诉**

（1）**上诉**：①主体：A. 独立的上诉主体：被告人、自诉人及法代、附民当事人及法代；B. 经被告人同意的主体：被告人的辩护人和近亲属；②上诉无须理由；③口头或书面方式；④通过原审法院或二审法院上诉。

（2）**二审抗诉**：①主体：提起公诉的检察机关［注意申请抗诉的主体：被害人及其法代（只能针对判决）］；②理由是确有错误；③书面方式；④通过原审法院提交抗诉书。

（3）**上诉、抗诉的期限**：①判决：10 天；裁定：5 天；②附民一律按刑诉法计算。

（4）**上诉和抗诉的撤回**：①上诉、抗诉期内撤回，法院应准许，一审裁判在上诉、抗诉期满之日起生效；②期满后撤回，法院审查一审裁判的正确性，正确的才准许撤回。裁定准许的，一审裁判从准许撤诉裁定书送达之日起生效。

2. 二审应全面审查。

**★3. 上诉不加刑**

（1）只有被告一方上诉的，上诉不加刑才能使用。上诉不加刑原则本身没有例外。

（2）检抗或者自诉人上诉的，就可以加刑。

（3）只有被告一方上诉，二审发回原审重审的，除有新的犯罪事实，检察院补充起诉的以外，原审也不得加重刑罚。

（4）加刑包括：刑种变化、刑期增加、缓刑改实刑或延长考验期、增加限制减刑；增加禁止令及其内容、延长其期限。

（5）唯一可以改的是罪名。

（6）只有被告一方上诉的，原判事实清楚，证据确实、充分，二审不得加，也不得发回加刑，只能用再审加刑。

（7）共同犯罪中，要具体到每个被告头上，看有没有对其检抗或自诉人上诉，有则可加刑，无则不能加刑。

★4. **二审的审理方式**

（1）**应当开庭的（口诀）**：抗诉、死立执、影响罪刑的事实上诉；

（2）二审要发回重审的，二审可不开庭。二审不开庭的，必须讯问被告人、听取其他当事人、辩护人、诉代的意见。

★5. **二审的审理程序**：（1）开庭的，同级检应派员出庭；（2）二审法院应在决定开庭审理后通知检阅卷。检在1个月内阅完（不计入二审期限）；（3）**共同犯罪案的二审**：①二审法院可不再传唤未上诉的被告人到庭；②未上诉也未被抗诉的被告人，可参加法庭调查或辩论，可委托辩护人；（4）**自诉案件的二审**：①二审中反诉的，告知另行起诉；②二审和解的，裁定准许撤回自诉，并撤销一审裁判；③二审调解的，应制作调解书，一审裁判视为自动撤销；（5）**附带民诉的二审**（处理民事必须以刑事为基础）：①刑民都上诉，按二审程序一并改判；②只针对刑事上诉、抗诉，民错的就对民事按审监程序，刑事按二审；③只针对民事上诉，刑错的就对刑事按审监程序进行再审，并将民刑一并审理。

**★6. 二审的处理方式**

（1）一审无问题，裁定维持原判；

（2）适用法律有错误，或者量刑不当，应当改判；

（3）事实不清、证据不足，可改判可发回重审；（以事实不清、证据不足为由发回，只限一次）

（4）程序违法（公开、回避、组织、剥权），应当发回。（以程序违法为由发回，无次数限制）

**7. 对查封、扣押、冻结在案财物的处理**

（1）对被害人的合法财产，应当及时返还；（2）无关的，应返还（但被判处财产刑的除外）；（3）不宜移送的在案财物，以代替品移送；（4）上缴国库要依据法院的裁判；（5）不损害国家、被害人利益，不影响诉讼正常进行的，以及有效期即将届满的，可在判决生效前出售或变现。

## 十七、死刑复核程序

**★1. 死刑立即执行案件的复核程序**

（1）**核准法院**：最高法院（最高法院自己判的除外）。

（2）**报请程序**：自动上报、逐级上报、一案一报；高院对中院报请复核的死刑案件（应提审被告人），不同意死刑的，应发回重审或提审改判。

（3）**复核程序**：3 名审判员组成复核庭；应讯问被告

人；律师提要求的，应当听意见；最高检可以向最高法提意见；最高法应当将复核结果通报最高检；全面审查原则（包括影响定罪、判死刑的情节和事实；程序是否合法）。

（4）**复核后的处理**（规律：不做全案改判，不审事实问题）

①**裁定核准**：没有问题直接裁定核准；认定事实或引用法律有瑕疵，但不影响死刑的，纠正后核准。

②**应当发回的**：事实不清、证据不足（包括全部和部分）；新的影响罪刑的事实证据；量刑过重；程序违法。

③**部分改判**：部分死刑正确，部分死刑量刑过重——正确的就判决核准，量刑过重的可以改。

（5）**发回重审的方式**

①**发回的法院级别**：一审或者二审或者复核的高院，若发回复核的高院，可依照二审提审改判或发回重审。

②**是否开庭**：发回一审的，一律开庭；发回二审的，需查清事实、核实证据、纠正程序违法，则必须开庭。

③**应当另行组成合议庭的情形**：以事实不清、证据不足和程序违法为由发回的（但以新的影响罪刑的事实证据、量刑过重发回的例外）。

2. **死缓案件的复核程序**

（1）**核准法院**：高院和解放军军事法院。

（2）**复核程序**：3名审判员组成复核庭，应当讯问被告人，全面审查。

（3）**处理**：①认定事实或引用法律有瑕疵的，纠正后核准；②事实证据有问题的，可以改，可以发回；③事实正确，但适用法律错误或量刑过重，应当改判；④程序违法：

应当发回；⑤死缓复核不加刑。

## 十八、审判监督程序

### 1. 申诉的审查处理

（1）**主体**：当事人及法代、近亲属；案外人（必须侵害其权利）；律师可代理申诉。

（2）**对象**：生效裁判。

（3）**法院的审查处理**：

①终审法院审查处理是原则；

②二审中撤诉的：可以由一审法院审查处理；

③未经终审直接到上一级申诉的：可以告知向终审申诉或直接转交终审，疑难重大复杂的可直接审查处理；

④死刑裁判：原核准法院审查处理，原审法院可审查、提出意见后报原核准法院处理；

⑤两级申诉原则；

⑥对申诉应当重新审判的情形：证据、事实、法律、程序、人等方面有问题。

### ★2. 提起再审的主体及权限

（1）各级法院院长针对本院生效裁判，提交审判委员会讨论；

（2）最高法院针对地方法院提审或指令重审；上级法院针对下级法院提审或指令重审；

（3）最高检针对四级法院生效裁判向最高法院抗诉；上级检察院针对下级法院的生效裁判向其同级法院抗诉。

注意：再审抗诉是"上对下，同级抗"；二审抗诉是"下级检察院向上级法院提出"。

**★3. 再审的审理程序**

（1）**审判级别**：原来是一审，按一审；原来是二审，按二审；提审按二审。

（2）**应当制作再审决定书**（检察院抗诉的除外）。

（3）再审不停止原裁判执行，但可能无罪或者减轻刑罚导致刑期届满的，可以决定中止原裁判执行。

（4）**应重点审理，必要时全面审查。**

（5）**指令重审**：应指令原审法院以外的其他下级法院审，但原审更适宜也可以审。

（6）开庭的案件，同级检应当派员出庭。

（7）**强制措施决定主体**：谁启动，谁决定。

（8）**再审不加刑**：一般不得加刑，检察院抗可以加重。

（9）**审理方式**：①应当开庭审理的情形：一审全部审、二审事实（证据）审、抗诉加重审。②被告人、自诉人死亡或丧失行为能力，可不开庭。

（10）**再审后处理方式**：与二审的处理方式相似。

## 十九、执行

**★1. 执行机关**：（1）**法院**：无罪免刑、要钱要命；（2）**监狱**：有期徒刑（余刑超过3个月的）、无期、死缓；（3）**公安**：拘役、剥夺政治权利和有期徒刑（余刑3个月以下的）、驱逐出境；（4）**社区矫正机构**：管制、缓刑、假释、暂予监外执行。

2. **死刑立即执行的执行程序**：最高法院院长签发执行命令；一审法院在7日内执行；在刑场或者指定的羁押场所内执行；方法包括枪决或注射（其他方法需最高法院批

准）；死刑犯会见近亲属（应告知、应通知、应准许）。

3. **死刑立即执行的停止执行程序**：（1）情形（口诀）：同犯到案停死刑；怀孕立功他坏行；（2）最高法院审核后的处理：①怀孕的，应当改判；②其他错误的，应发回；③无错误的，裁定继续执行死刑。

4. **财产刑和附带民事裁判的执行**：（1）执行机关：一审法院（可委托财产所在地法院）；没收财产刑可会同公安执行；（2）执行时间：①罚金可分期缴纳；因不能抗拒等缴纳确实有困难的，经法院裁定，可延期缴纳、酌情减免。②没收财产：生效后立即执行；（3）执行顺序：医先退债罚没（口诀）；（4）执行方式：上缴国库；（5）没收财产的范围：生效时被执行人合法所有财产；（6）追缴赃款赃物：不仅追赃，还要追赃款赃物的收益；（7）第三人恶意取得，应追缴；善意取得，不予追缴；（8）涉案财物认定错误的，能裁定补正的就裁定补正，否则就按审监程序纠正。

5. **死缓的变更程序**：（1）故意犯罪，情节恶劣的——查证属实，应当执行死刑的，由高级法院报请最高法院核准；（2）故意犯罪未执行死刑的——死刑缓期执行的期间重新计算，并报最高法院备案；（3）没有故意犯罪的——死刑缓期执行期满，应当予以减刑的，由执行机关提出书面意见，报请高级法院裁定。

★6. **监外执行**

（1）**适用对象和条件**：①有期徒刑和拘役：有病（省级政府指定医院出证明）、不理、怀孕哺乳（注意自伤自残和有危险性不得保外）；②无期徒刑：怀孕、哺乳。

（2）**决定主体**：①交付执行前：法院决定（法院负责

组织鉴别）；②交付执行后：监狱提出意见→省级以上监管机关批准；看守所提出意见→设区的市一级以上公安机关批准。

（3）**检察院的监督**：对监外执行的意见和决定提出书面意见。

（4）**收监**：①情形：不符合条件、严重违规、情形消失；②法院决定监外执行的，法院决定收监，公安交付执行。

（5）**特殊情形的处理**：①花钱买保外就医和脱逃的，不计入刑期；不计入刑期要报请法院审核裁定；②死亡的，通知监狱或看守所。

★7. **减刑、假释程序**

（1）**裁定主体**：①服刑地的高院：死缓减刑、无期徒刑的减刑和假释；②服刑地的中院：有期徒刑的减刑和假释，管制、拘役的减刑，缓刑的减刑。（注意报请时级别对应）

（2）**审理组织**：合议庭（陪审员可参加）。

（3）**审理方式**：①可书面可开庭；②有六种应开庭（口诀）：重大立功报减刑，一般规定不得行，公示期间有意见，职务黑金要开庭；③开庭审理时应通知检察院、执行机关、罪犯参加；④书面审理假释时，应提讯罪犯；书面审理减刑时，可提讯罪犯；⑤检察院的监督：对减刑假释的建议和裁定都是以提意见方式监督。

## 二十、未成年人刑事案件诉讼程序

1. **功能**：未成年人司法关注行为人而不是行为本身，教育和保护是其基本立场。

2. **适用范围**：适用于未成年人涉嫌犯罪的案件和未成年被害人、证人参与刑事诉讼的案件。但是，并非所有未成年人犯罪案件都必须适用未成年人诉讼程序。

3. **与普通程序的关系**：依附于普通程序，办理未成年人案件也会适用普通程序。

4. **原则**：（1）保密原则：涉案未成年嫌疑人、被告人、未成年被害人、证人资料保密。（2）社会参与原则：将社会调查、讯问和审判时在场、附条件不起诉考察等委托给社会力量承担、参与。

5. **少年法庭审理的案件**：犯罪时未满18，法院立案时未满20。

★6. **社会调查**：（1）主体：公检法自行或者委托司法行政机关、共青团组织以及其他社会团体组织调查，辩护人也可提交调查材料；（2）内容：成长经历、犯罪原因、监护教育等；（3）社会调查报告不是证据，只是作为办案、量刑和教育的参考。

7. **心理疏导、测评**：（1）对未成年嫌疑人、被告人、被害人，可以疏导；（2）对未成年嫌疑人、被告人，须经本人和法代同意，才可以测评。

★8. **检察院审查批捕、法院决定逮捕**：应讯问、应听取律师意见。

★9. **法定代理人、其他合适成年人到场**：（1）讯问和审判未成年人时：应当通知法代到场，无法通知、法代不能到场或法代是共犯的，也可通知其他成年亲属，学校、单位、居住地基层组织或未成年人保护组织的代表到场。到场的法代可代为行使诉讼权利（但到场的其他合适成年人不能代为行使）。法定代理人、其他合适成年人针对违法都可提意见。（2）未成年嫌疑人明确拒绝法定代理人以外的合适成年人到场，检可准许，但应当另行通知其他合适成年人到场。

10. **简易程序的适用**：应得到未成年被告人及其法代、辩护人的同意。被告人是未成年人的，不得适用速裁程序。

★11. **犯罪记录封存**：（1）条件：犯罪时未满18岁＋5年以下、免除刑事处罚；（2）检察院对未成年人作的不起诉决定（不包括附条件不起诉）应封存；（3）发现漏罪或新罪，且数罪并罚后5年以上的，解除封存。

★12. **附条件不起诉**

（1）**条件**：（口诀）四五六章未成年，一年起诉好表现，听取三方的意见［此处的三方是：应听取公安、被害人（及其法代、诉代）、未成年嫌疑人及法代、辩护人］。未成年嫌疑人及法代有异议，检应起诉。

（2）**决定程序**：①公安、被害人有异议，可举行不公开听证会；②在押的：应当释放或变更强制措施。

（3）**附条件不起诉决定书**：应当送达三方，当面向未成年人、法代宣布。

（4）**考验期内监督考察**：①考察机关：检察院；②考验期：六个月以上一年以下，作出决定之日起，审查起诉期限中止，考验期满或撤销之日起恢复计算审查起诉期限。根据表现，可在法定期限内缩短或延长。

（5）**遵守规定**：①守法、服从监督；②报告活动情况；③离开市、县或者迁居，应报经检察院批准；④接受矫治、教育（如接受教育、公益劳动、三个特定、赔偿损失、赔礼道歉等）。

（6）**考验后的处理**：①有漏罪、新罪、严重违规，撤销附条件不起诉的决定，再提起公诉；②遵守规定的，应不起诉（检察院考验期满作出不起诉以前，应当听取被害人的意见）。

（7）**救济途径**：①公安：先复议后复核；②被害人对附条件不起诉和考验期满的不起诉不服：向上一级检察院申诉（不能向法院起诉）。

## 二十一、当事人和解的公诉案件诉讼程序

★1. **适用条件**：（1）（口诀）民间纠纷四五三，七年以下过失犯，五年故意渎职难；（2）不是民间纠纷引起的有黑社会、寻衅滋事、聚众斗殴等。

★2. **和解主体**

（1）**被害方**：①**死亡**：近亲属和解（近亲属有多人的，需经同一继承顺序的所有近亲属同意，才可和解）；②**无限人**：法代、近亲属代为和解。

（2）**被告方**：①**在押的**：经过嫌疑人同意，法代或近亲属代为和解；②**限制行为能力人**：法代代为和解。赔礼道歉需嫌疑人、被告人亲自履行。

（3）①**检察院**可建议当事人进行和解；②当事人提出申请的，**法院**可以主持双方当事人协商以达成和解。

★3. **和解的对象**：民事责任事项、被害人是否同意从宽处罚（事实认定、证据采信、法律适用和定罪量刑等不能协商、和解）。

4. **和解协议的审查**：应听取当事人等相关人员意见；

审查自愿、合法性；应制作和解协议书。

5. **和解协议书**：（1）**检察院制作的协议**：双方当事人签字，检察人员不签字、检察院不盖章；（2）**法院制作的协议**：双方当事人和审判人员签字，法院不盖章。

★6. **和解的履行**：（1）**法院制作的协议**：应即时履行；（2）**公安制作的协议**：应及时履行；（3）**检察院制作的协议**：应立即履行，至迟在检察院作出从宽处理决定前履行；若在被害人同意并提供有效担保的情况下，也可以分期履行。

7. **附带民事诉讼的处理**：（1）侦查、审查起诉中和解协议履行完毕，又提附民，不予受理（违反自愿合法的除外）；（2）和解协议不能即时履行，应制作附民调解书。

8. **和解的反悔**：（1）不起诉决定作出之后反悔的，检不撤销原决定（违反自愿合法的除外）；（2）和解协议已经全部履行，当事人反悔的，法院不予支持（违反自愿合法的除外）。

9. **和解的无效**：不自愿、不合法，就无效。

★10. **和解后的处理**：（1）**公安机关**：向检提出从宽处理的建议；（2）**检察院**：向法院提从宽处罚建议；犯罪情节轻微，不需要判处刑罚的，可酌定不起诉；（3）**法院**：应从轻，也可减轻、免除处罚。


## 二十二、缺席审判程序

★1. **适用条件**：贪贿国恐外逃犯，死亡有病缺席判（口诀）。

（1）**境外的被告人**：①贪贿案件；（需要及时审判，经最高检察院核准的）严重国、恐案件；②被告人在境外；③检察院认为犯罪事实已经查清，证据确实、充分，依法应当追究刑事责任的，可提起公诉；④法院审查后认为起诉书中有明确的指控犯罪事实，符合缺席审判程序适用条件。

（2）**严重疾病**：中止审理超 6 个月无法出庭，被告人及其法代、近亲属申请或者同意恢复审理。

（3）**死亡**：①审理时，死亡且有证据证明无罪；②按审监程序重新审判的，被告人死亡的。

**★2. 对境外被告人的缺席审理程序**

（1）**管辖**：犯罪地、被告人离境前居住地或最高法院指定的中级法院。

（2）**审判组织**：合议庭。

（3）**送达**：①送达方式：国际条约规定的或者外交途径提出的司法协助方式；被告人所在地法律允许的其他方式；②送达对象：被告人；③送达内容：传票和起诉书副本。

（4）**辩护**：被告人及其近亲属均可委托辩护人，未委托的，法院应当通知法律援助机构指派律师为其提供辩护（注意：对公安机关、检察院无此要求）。

（5）**救济方式**：

①**上诉和抗诉**：被告人和其近亲属均有独立上诉权，辩护人可经被告人、其近亲属同意后上诉。

②**重新审理**：A. 审理中到案的，法院应重新审理（无须提出异议）；B. 裁判生效后到案，法院应告知罪犯有权提出异议，若提出异议的，应重新审理。

## 二十三、犯罪嫌疑人、被告人逃匿、死亡案件违法所得的没收程序

★1. **适用条件**：贪恐（以及洗钱罪和其上游犯罪）重大逃一载，死亡没收不义财（口诀）。"重大"是全国、全省有较大影响或逃匿境外。"逃匿"是为逃避追究而隐匿或脱逃。拟制"逃匿"是因意外事故下落不明满二年或不可能生存。"通缉"是公安机关发布通缉令或红通。

★2. **"违法所得"** 包括犯罪直接或间接产生、获得的任何财产，违法所得转变、转化后的其他财产及其收益。

3. **检察院对没收意见的审查处理**：（1）符合没收条件的，向法院提出没收申请；（2）不符合没收条件的，应当作出不提出没收违法所得申请的决定；（3）人回来了：应当终止审查，并将案卷退回公安机关处理。

★4. **管辖法院、审理组织**：犯罪地或居住地的中院组成合议庭。

★5. 法院对没收违法所得申请的审查处理：（1）不属于受案或管辖范围的，应退回检察院；（2）不符合"有证据证明有犯罪事实"标准要求的，应当通知检察院撤回申请，检察院应当撤回（注意：庭前审查阶段审查犯罪事实，庭审中审理是否属于违法所得、涉案财产）。

★6. **公告与送达**：公告期为 6 个月，不适用中止、中断、延长的规定。补充送达措施不能替代公告。

★7. **申请参加诉讼**：（1）犯罪嫌疑人、被告人的近亲属和其他利害关系人申请参加诉讼，也可以委托诉代参加诉讼。（2）在公告期满后申请参加诉讼，能够合理说明理由

的，法院应当准许。（3）利害关系人在境外委托的，应当委托中国律师作为诉代。犯罪嫌疑人、被告人逃匿境外，也可委托诉代。

★8. **审理方式**：（1）利害关系人参加的，应开庭；（2）没有利害关系人申请参加，可不开庭；（3）开庭的，检应派员出庭；（4）针对确有必要出示但可能妨碍正在或即将进行的刑事侦查的证据，法庭调查不公开。

★9. **举证责任**：检察院承担。对违法所得和涉案财产的**证明标准**：具有高度可能。

★10. **处理方式**：（1）符合没收条件的，裁定没收；不符合的，裁定驳回申请；（2）审理中人回来了，法院终止审理，检察院应当将案卷退回侦查机关处理。

★11. **救济方式**：对没收违法所得或者驳回申请的裁定，嫌疑人、被告人的近亲属和其他利害关系人或检察院可上诉、抗诉。

★12. **二审程序**：（1）审理方式：对第一审的事实、证据没有争议的，可不开庭。（2）审查范围：就上诉、抗诉请求的有关事实和适用法律进行审查。（3）处理方式：与普通案件第二审的处理方式相同。（4）利害关系人非因故意或者重大过失在第一审期间未参加诉讼，在第二审期间申请参加诉讼的，法院应准许，并发回重审。

13. **没收裁定生效后，嫌疑人、被告人到案并对没收裁定提出异议**，检察院提起公诉的，可以由同一审判组织审理：正确的，予以维持；错误的，应当撤销原裁定，并对涉案财产一并处理。若不是上述情况，对生效的没收裁定，应依审监程序纠正。

14. **司法协助**：（1）主体：公安、检察院等各系统最高上级机关；（2）被请求国（区）的主管机关提出，查扣冻法律文书的制发主体必须是法院的，由法院请求司法协助。

## 二十四、依法不负刑事责任的精神病人的强制医疗程序

★1. **适用条件**：暴力危害公民权，鉴定有病仍危险（口诀）。

2. **管辖**：行为所在地为主、被申请人居住地为辅的基层检法。

3. （1）**启动主体**：检、法；（检察院在审查起诉中发现嫌疑人系精神病人，符合强疗条件，应在不起诉同时提强制医疗申请）；（2）**决定主体**：法院。

4. **检察院对强制医疗意见的审查处理**：符合强疗条件，向法院提出强疗申请；不符合强疗条件的，应作出不提出强疗申请的决定。

★5. **审理程序**：（1）审理组织：合议庭。（2）审理方式：开庭（被申请人、被告人的法代请求不开庭，并经法院审查同意的除外）。（3）开庭的，检应派员出庭。（4）被申请人要求出庭，法院可以让其出庭，出庭后可发表意见。（5）应当会见被申请人。（6）开庭审理的，应区分法庭调查与法庭辩论。（7）应通知法代到场；未委托诉代的，应指派律师为其提供法律帮助。（8）公安可以采取临时的保护性约束措施。

★6. **检察院提出强制医疗申请，法院审理后的处理方式**：（1）符合强疗条件的，应作出强疗决定；（2）是精神

病人，但不符合强疗条件的，应作出驳回强疗申请的决定；（3）具有完全或部分刑事责任能力，应追究刑责的，应作驳回强疗申请的决定，并退回检察院处理。

★7. **法院在审理案件过程中作出强制医疗决定的程序**：（1）符合强疗条件的，应判决不负刑责，作出强疗决定；（2）属于精神病人，但不符合强疗条件的，应判决无罪或不负刑责；（3）具有完全或部分刑责能力，应追究刑责的，应依照普通程序继续审理。

★8. **救济方式**：被决定强疗的人、被害人及其法代、近亲属对强疗决定可以申请复议。复议期间不停止执行强疗决定。（该复议程序并非二审程序）复议后认为不符合强疗条件的，应当撤销原决定。

9. **交付执行**：由公安送交强疗。

10. **强疗的解除程序**：被强疗的人及其近亲属申请解除强疗（被驳回的，6个月后再次申请）、强疗机构提出解除强疗意见的，法院审查后作出解除强疗或继续强疗的决定。

11. 检察院对强疗的决定和执行以提意见的方式监督。

## 二十五、涉外刑事诉讼程序与司法协助

1. **国籍的确认**：依有效证件确认；依证明确认；国籍无法查明的，以无国籍人对待。

2. **涉外刑事诉讼程序的适用范围**：涉及外国人的犯罪案件和需要进行司法协助的案件。

3. **探视、会见在押的外国籍被告人**：向受理案件的法院所在地的高级法院提出。

4. **限制出境**：针对涉外刑事案件的被告人；**暂缓出境**：

针对开庭审理时必须到庭的证人。

5. **来自境外的证据材料的运用**：能够证明案件事实且符合刑诉法规定的，可作为证据使用，但不真实或来源不明，就不能作为定案根据。

6. **外国籍当事人委托辩护人和诉讼代理人**：委托律师的，只能是中国律师；"老外"是可以法律援助的对象。

7. **使用中国通用的语言文字进行诉讼**：（1）使用我国通用的语言、文字，应为外国人提供翻译。（2）诉讼文书为中文本。外国人不通晓中文的，应当附有外文译本，译本不加盖法院印章，以中文本为准。

8. **刑事司法协助的内容**：狭义的是送达、取证等；广义的还包括引渡和承认与执行外国的判决和裁定。

# 专题一　刑事诉讼法概述

## 一、主观题考情分析

| 年份 | 考点 | 题型 |
|------|------|------|
| 2012 年 | 刑事诉讼法与刑法的关系 | 论述 |

　　尽管只有 2012 年司法考试中考查到"刑事诉讼法概述"这一专题中的"刑事诉讼法与刑法的关系"，但是，本专题的内容都是关于刑事诉讼的理论，法律职业资格考试中的刑事诉讼法的论述题，基本都有必要结合本专题相关的理论进行回答，比如刑事诉讼法与刑法的关系、刑事诉讼法与法治国家的关系、惩罚犯罪与保障人权的关系、程序公正与实体公正的关系，等等。有的案例分析题也应该结合本专题的基本理念、基本范畴进行分析和解答。尤其是涉及公检法与诉讼参与人的地位和权力（权利）时，都有必要上升到控辩审三方的法律关系层面进行考虑。

## 二、主观题重要知识点必背

### （一）刑事诉讼法与刑法的关系（论述）

| 工具价值 | ①通过明确对刑事案件行使侦查权、起诉权、审判权的专门机关，为查明案件事实、适用刑事实体法提供了**组织上的保障**。 |
|------|------|
| | ②通过明确行使侦查权、起诉权、审判权主体的权力与职责及诉讼参与人的权利与义务，为查明案件事实和适用刑事实体法的活动提供了基本构架；同时，由于有明确的**活动方式和程序**，也为刑事实体法适 |

| | |
|---|---|
| | 用的有序性提供了**保障**。 |
| | ③规定了**收集证据的方法与运用证据的规则**，既为获取证据、明确案件事实提供了手段，又为收集证据、运用证据提供了**程序规范**。 |
| 工具价值 | ④规定了证明责任和证明标准，为规范和准确进行定罪量刑提供了标准和保障。 |
| | ⑤关于程序系统的设计，可以在相当程度上**避免、减少案件实体上的误差**。 |
| | ⑥针对不同案件或不同情况设计不同的具有针对性的程序，使得案件处理简繁有别，**保证处理案件的效率**。 |
| 独立价值 | ①刑事诉讼法所规定的诉讼原则、结构、制度、程序，体现着程序本身的民主、法治、人权精神，也反映出一国**刑事司法制度的进步、文明程度**，是衡量**社会公正**的一个极为重要的指标。 |
| | ②刑事诉讼法具有**弥补刑事实体法不足**并**"创制"刑事实体法**的功能。 |
| | ③刑事诉讼法具有**影响刑事实体法实现**的功能。 |

## （二）刑事诉讼法与法治国家的关系（论述）

| | |
|---|---|
| 刑事诉讼法与法治国家 | ①刑事诉讼法规范和限制国家权力，从而成为保障公民基本人权和**自由**的基石。而国家权力得以规范行使与公民基本人权和自由得以充分保障，正是**法治国家的基本标志**。 |
| | ②刑事诉讼法在实现法治国家方面的作用，集中体现在与宪法的关系之中。 |
| 刑事诉讼法与宪法的关系 | ①一方面体现为其在宪法中的重要地位，以至于宪法关于**程序性条款**的规定成为法治国家的基本标志。体现法治主义的有关刑事诉讼的程序性条款，构成了各国宪法或宪法性文件中关于**人权保障条款的核心**。以至于有这种说法：**宪法是静态的刑事诉讼法，刑事诉讼法是动态的宪法**。 |
| | ②另一方面体现为其在维护宪法制度方面发挥的重要作用。具体而言：其一，要通过刑事诉讼法保证刑法的实施来实现；其二，要通过刑事诉讼本身的实施来实现。 |

## （三）刑事诉讼的基本理念（论述）

| | |
|---|---|
| **惩罚犯罪与保障人权** | ①惩罚犯罪——犯罪嫌疑人、被告人；保障人权——犯罪嫌疑人、被告人等诉讼参与人。<br>②两者是既对立又统一的矛盾。<u>发生冲突与矛盾时，需要根据利益权衡的原则作出选择。</u> |
| **程序公正与实体公正** | ①程序公正是指<u>过程</u>的公正，具体内容包括：*程序参与、程序遵守、程序救济、程序公开、程序中立、程序平等、程序安定、程序保障*；实体公正是指结果的公正。<br>②两者是既对立又统一的矛盾。<u>发生冲突时，需要根据利益权衡的原则作出选择。</u> |
| **诉讼效率** | ①<u>诉讼期限</u>、<u>轻罪不起诉</u>和简易程序、<u>速裁程序</u>等体现了诉讼效率的理念。<br>②公正第一，效率第二。 |

## （四）刑事诉讼目的（论述）

| | | |
|---|---|---|
| **通说** | **根本目的** | 维护社会秩序。 |
| | **直接目的** | <u>惩罚犯罪和保障人权。</u> |
| **其他学说** | **犯罪控制模式** | 控制犯罪绝对为刑事诉讼程序最主要的机能，刑事程序运作的方式与取向，应循此"控制犯罪"之目标进行。 |
| | **正当程序模式** | 刑事诉讼目的不单是发现实体真实，更重要的是<u>以公平与合乎正义的程序来保护被告人的人权。</u> |
| | **家庭模式** | 以家庭中父母与子女关系为喻，<u>强调国家与个人间的和谐关系</u>，并以此为出发点，提出解决问题的途径。处理未成年人违法犯罪的少年司法接近于这种家庭模式。 |
| | **实体真实主义** | 刑事诉讼旨在<u>追求案件的实体真实</u>的诉讼目的观。实体真实主义可分为<u>积极实体真实主义</u>和<u>消极实体真实主义</u>。传统的实体真实主义仅指<u>前者</u>，认为凡是出现了犯罪，就应当毫无遗漏地加以发现、认定 |

| 其他学说 | 实体真实主义 | 并予以处罚；为不使一个犯罪人逃脱，刑事程序以发现真相为要。<u>消极实体真实主义是将发现真实与保障无辜相联系的目的观</u>，认为刑事诉讼目的在于发现实体真实，本身应包含力求避免处罚无罪者的意思，而不单纯是无遗漏地处罚任何一个犯罪者。 |
| | 正当程序主义 | 刑事诉讼目的重在<u>维护正当程序</u>。刑事诉讼所追求的，是在所给定的程序范围内，竭尽人之所能，将以此认定的事实视作真实。这种事实的认定，应当依正当程序进行。 |

## （五）刑事诉讼职能（论述、案例）

控诉、辩护与审判三者的关系：控审分离与不告不理、裁判者中立、控辩平等对抗。

# 专题二　刑事诉讼法的基本原则

## 一、主观题考情分析

本专题在历年的法律职业资格考试（司法考试）中未曾加以考查。因为刑事诉讼法的基本原则一般贯穿于刑事诉讼全过程或主要诉讼阶段，所以，本专题的基本原则往往会结合具体的刑事诉讼制度、程序加以考查案例分析题。比如，"侦查权、检察权、审判权由专门机关依法行使"会涉及公检法三机关的具体职权分工；"严格遵守法律程序"涉及违反法律程序会带来法律后果的规定；"人民法院、人民检察院依法独立行使职权"会涉及上级法院如何监督指导下级法院的审判活动、上级检察院如何领导下级检察院的办案活动；"人民检察院依法对刑事诉讼实行法律监督"会涉及检察院对每个诉讼环节的监督方式；"未经人民法院依法判决，对任何人都不得确定有罪"会涉及证明责任等；"认罪认罚从宽"涉及其在逮捕、侦查、审查起诉和审判等阶段的体现；"具有法定情形不予追究刑事责任"会涉及不同阶段的处理方式，等等。考生在复习时，应当将具体的制度和程序结合相关的刑事诉讼法基本原则进行理解。

## 二、模拟演练

### ▣ 案例

付某系 T 省 K 市档案局副局长。2012 年 8 月，付某与其朋友吕某商量向境外情报机构提供情报以获取报酬，吕某表示同意。为此，吕某给付某规定了化名、交接情报的联络方法和暗语，为付某提供了相机、数码录音笔、芯片等收集情报的工具，二人先后21次为境外情报机构窃取、非法提供国家秘密、情报57份，二人从中获利总计金额60900美元。付某和吕某因涉嫌为境外窃取、非法提供国家秘密、情报罪于2014年5月17日被侦查机关拘传，6月18日被检察院批准逮捕，在该案侦查终结后，2014年12月5日移送T省K市B区检察院审查起诉，B区检察院对二人决定取保候审，交由公安机关执行。B区检察院于2014年12月16日依法向B区法院提起公诉。B区法院进行公开开庭审理，B区检察院在审理中认为，审判长李某应当回避而未回避，当庭提出纠正违法意见，法庭未予以理睬。经过一审，B区法院判决付某犯为境外窃取、非法提供国家秘密、情报罪，判处有期徒刑11年，剥夺政治权利3年；被告人吕某犯为境外窃取、非法提供国家秘密、情报罪，判处有期徒刑13年，剥夺政治权利3年。付某提出上诉，吕某未上诉，付某上诉后因病去世，在K市中级法院二审中，最高人民法院听取K市中级法院对该案的汇报并就如何审理提出意见，最高人民检察院听取了K市检察院的汇报并对案件事实、证据进行审查，决定T省检察院在二审程序中如何发表意见。K市中级法院对吕某维持原判，对付某改判为10年有期徒刑。吕某在K市监狱服刑期间，K市监狱认为吕某符合假释的条件，向K市中级法院提出假释建议，K市中级法院作出了假释的裁定，同时将该裁定的副本抄送K市检察院，K市检察院认为该裁定不当，提起抗诉，K市中级法院重新组成合议庭进行审理，维持了原假释的裁定，然后交由公安机关执行。

本案的诉讼程序存在哪些不合法之处？请说明理由。

✏ **答案与解析** ▪▪

1. B 区检察院将对付某和吕某适用的取保候审交由公安机关执行，是错误的。尽管《刑事诉讼法》第 67 条第 2 款规定，取保候审由公安机关执行。但是，这里的"公安机关"是广义的公安机关。《刑事诉讼法》第 4 条规定，国家安全机关依照法律规定，办理危害国家安全的刑事案件，行使与公安机关相同的职权。本案中，付某和吕某因所犯的是为境外窃取、非法提供国家秘密、情报罪，由国家安全机关立案侦查，所以，对付某和吕某适用的取保候审，也应当交由国家安全机关执行。

2. 本案中由 B 区检察院审查起诉、B 区法院审理，是错误的。《刑事诉讼法》第 21 条规定："中级人民法院管辖下列第一审刑事案件：（一）危害国家安全、恐怖活动案件；（二）可能判处无期徒刑、死刑的案件。"本题中的案件属于危害国家安全的犯罪，应由 K 市检察院审查起诉、K 市中级法院进行审理。

3. B 区法院公开审理，是错误的。《刑事诉讼法》第 188 条第 1 款规定："人民法院审判第一审案件应当公开进行。但是有关国家秘密或者个人隐私的案件，不公开审理；涉及商业秘密的案件，当事人申请不公开审理的，可以不公开审理。"本案属于为境外窃取、非法提供国家秘密、情报案，涉及国家秘密，应当不公开审理。

4. B区检察院在审理中认为，审判长李某应当回避而未回避，当庭提出纠正违法意见，这种监督方法是错误的。《高检规则》第580条规定："人民检察院在审判活动监督中，如果发现人民法院或者审判人员审理案件违反法律规定的诉讼程序，应当向人民法院提出纠正意见。出席法庭的检察人员发现法庭审判违反法律规定的诉讼程序，应当在休庭后及时向检察长报告。人民检察院对违反程序的庭审活动提出纠正意见，应当由人民检察院在庭审后提出。"所以，本案中，B区检察院只能在庭后提出纠正意见。

5. 在第二审中，最高人民法院听取K市中级法院对该案的汇报并就如何审理提出意见，是错误的。因为我国上下级法院之间是监督关系，在二审时，上级法院不得对此案提出意见，否则，会使我国的审级制度流于虚置。注意：最高人民检察院听取了K市检察院的汇报并对案件事实、证据进行审查，决定T省检察院在二审程序中如何发表意见。这一做法是正确的，因为我国检察院上下级是领导关系，所以，上级检察院可以就具体案件的处理向下级检察院提出意见。

6. 付某上诉后因病去世，K市中级法院对付某改判为10年有期徒刑，是错误的。《刑事诉讼法》第16条规定："有下列情形之一的，不追究刑事责任，已经追究的，应当撤销案件，或者不起诉，或者终止审理，或者宣告无罪：（一）情节显著轻微、危害不大，不认为是犯罪的；（二）犯罪已过追诉时效期限的；（三）经特赦令免除刑罚的；（四）依照刑法告诉才处理的犯罪，没有告诉或者撤回告诉的；（五）犯罪嫌疑人、被告人死亡的；（六）其他法律规定免予追究刑事责任的。"《高法解释》第312条规定："共同犯罪案件，上诉的被告人死亡，其他被告人未上诉的，第二审人民法院仍应对全案进行审查。经审查，死亡的被告人不构成犯罪的，应当宣告无罪；构成犯罪的，应当终止审理。对其他同案被告人仍应作出判决、裁定。"本案第二审中，付某死亡，第二审法院不得宣告其有罪，只能对其终止审理。

7. K市中级法院对吕某维持原判，是错误的。《刑事诉讼法》第238条规定："第二审人民法院发现第一审人民法院的审理有下列违反法律规定的诉讼程序的情形之一的，应当裁定撤销原判，发回原审人民法院重新审判：（一）违反本法有关公开审判的规定的；（二）违反回避制度的；（三）剥夺或者限制了当事人的法定诉讼权利，可能影响公正审判的；（四）审判组织的组成不合法的；（五）其他违反法律规定的诉讼程序，可能影响公正审判的。"本案涉及国家秘密，第一审应当不公开审理而进行公开审理，违反了刑事诉讼有关公开审判的规定，属于《刑事诉讼法》第238条第（一）项规定的情形，所以，第二审法院应当裁定撤销原判，发回原审法院重新审判。

8. K市检察院认为假释裁定不当，提起抗诉，是错误的。《刑事诉讼法》第274条规定："人民检察院认为人民法院减刑、假释的裁定不当，应当在收到裁定书副本后二十日以内，向人民法院提出书面纠正意见。人民法院应当在收到纠正意见后一个月以内重新组成合议庭进行审理，作出最终裁定。"因此，K市检察院认为假释裁定不当，只能以"提出书面纠正意见"的方式进行监督。

9. 法院将假释裁定交由公安机关执行，是错误的。《刑事诉讼法》第 269 条规定："对被判处管制、宣告缓刑、假释或者暂予监外执行的罪犯，依法实行社区矫正，由社区矫正机构负责执行。"所以，假释裁定应当交由社区矫正机构执行。

# 专题三　管辖

## 一、主观题考情分析

| 年份 | 考点 | 题型 |
|------|------|------|
| 2002 年 | 立案管辖 | 找错型案例分析 |

在刑事案件的立案侦查、审查起诉、审判每一阶段都会涉及管辖的问题。对于本专题，考生应重点掌握立案管辖（如监察机关、检察院、法院直接受理的刑事案件范围）、交叉管辖、并案管辖、中级法院管辖的案件范围、上下级法院级别管辖的流转、一般地域管辖（特别是犯罪地、被告人居住地的识别）、指定管辖的适用、特殊地域管辖等知识点。

## 二、模拟演练

### ▶ 案例

龙某等人在 H 省 K 市组织、领导、参加黑社会性质组织，被 H 省 K 市公安局立案侦查，龙某委托律师马某在侦查阶段担任其辩护人。马某在 K 市看守所会见龙某时，为帮助龙某开脱罪责，诱导、唆使龙某编造 K 市公安局对其刑讯逼供，涉嫌伪造证据、妨害作证罪。K 市公安局指定 K 市 C 区公安局对马某伪造证据、妨害作证罪立案侦查。上述两案侦查终结后，K 市检察院将两案并案审查起诉，之后向 K 市中级法院提起公诉，在审理中，马某认为此案是全国瞩目的案件，K市中级法院不适宜审理，遂提出管辖权异议。K市中级法院于是上报H省高级法院，H省高级法院将马某伪造证据、妨害作证案指定给H省B市中级法院进行审理，龙某等人组织、领导、参加黑社会性质组织案依然由K市中级法院审理。指定管辖后，K市中级法院将案件材料直接交给B市中级法院。B市中级法院审理中发现马某还涉嫌在另外一起刑事案件中妨碍作证，B市中级法院将其合并审理后判处马某有期徒刑5年。K市中级法院对龙某等人组织、领导、参加黑社会性质组织案在庭前审查时，发现该院没有管辖权，应由H省D市中级法院审理，于是移送D市中级法院审理。D市中级法院审理时，认为该案中龙某所涉嫌的犯罪事实不清、证据不足，于是D市检察院在撤回起诉后作出不起诉决定，该案的被害人温某不服，向D市中级法院提起自诉，D市中级法院经审理，依法判处龙某15年有期徒刑。在交付执行后，龙某在M市监狱服刑期间脱逃到Z市实施抢劫，再流窜到P市才被抓获，P市中级法院对其抢劫罪进行审理后与其组织、领导、参加黑社会性质组织罪数罪并罚，处以无期徒刑。

### 问题：

1. K市公安局可否指定K市C区公安局侦查马某的伪造证据、妨害作证罪？为什么？

2. K市检察院可否对龙某等人组织、领导、参加黑社会性质组织案和马某伪造证据、妨害作证案并案审查起诉？为什么？

3. K市中级法院对马某提出的管辖权异议的处理，是否正确？为什么？

4. K 市中级法院将案件材料直接交给 B 市中级法院，是否正确？为什么？

5. K 市中级法院对龙某等人组织、领导、参加黑社会性质组织案在庭前审查时，发现该院没有管辖权，移送 H 省 D 市中级法院审理，是否正确？为什么？

6. 被害人温某向 D 市中级法院提起自诉，是否正确？为什么？

7. B 市中级法院审理中发现马某还涉嫌在另外一起刑事案件中妨碍作证，B 市中级法院将其合并审理后作出判决，是否正确？为什么？

8. P 市中级法院是否有权对抢劫罪进行审理？为什么？

9. 若龙某在 M 市监狱服刑期间，M 市监狱的监狱长冯某在收受龙某的贿赂后，徇私舞弊，对不符合减刑条件的龙某予以减刑。对冯某的犯罪，如何确定管辖？

✎ **答案与解析** ▶

1. K 市公安局不能指定 K 市 C 区公安局侦查马某的伪造证据、妨害作证罪。因为，《六机关规定》第 9 条规定："公安机关、人民检察院发现辩护人涉嫌犯罪，或者接受报案、控告、举报、有关机关的移送，依照侦查管辖分工进行审查后认为符合立案条件的，应当按照规定报请办理辩护人所承办案件的侦查机关的上一级侦查机关指定其他侦查机关立案侦查，或者由上一级侦查机关立案侦查。不得指定办理辩护人所承办案件的侦查机关的下级侦查机关立案侦查。"本案中，马某所承办的案件是龙某等人组织、领导、参加黑社会性质组织案，该案由 H 省 K 市公安局立案侦查，马某的伪造证据、妨害作证案不能由 K 市公安局立案侦查，也不能指定给 K 市 C 区公安局立案侦查，因为 C 区公安局是 K 市公安局的下级侦查机关。

2. K 市检察院可以对龙某等人组织、领导、参加黑社会性质组织案和马某伪造证据、妨害作证案并案审查起诉。因为，《六机关规定》第 3 条规定："具有下列情形之一的，法院、检察院、公安机关可以在其职责范围内并案处理：（一）一人犯数罪的；（二）共同犯罪的；（三）共同犯罪的犯罪嫌疑人、被告人还实施其他犯罪的；（四）多个犯罪嫌疑人、被告人实施的犯罪存在关联，并案处理有利于查明案件事实的。"龙某等人组织、领导、参加黑社会性质组织案和马某伪造证据、妨害作证案，属于"多个犯罪嫌疑人、被告人实施的犯罪存在关联"的情形，所以，K 市检察院可以对两案并案审查起诉。

3. K 市中级法院对马某提出的管辖权异议的处理正确。从地域管辖上来讲，两案都发生在 K 市，K 市的法院有管辖权，从级别管辖上来看，此两罪均不可能判处无期徒刑、死刑，由基层法院管辖。但是，依据《高法解释》第 16 条的规定，有管辖权的人民法院因案件涉及本院院长需要回避等原因，不宜行使管辖权的，可以请求移送上一级人民法院管辖。上一级人民法院可以管辖，也可以指定与提出请求的人民法院同级的其他人民法院管辖。本案中，H 省高级法院认为有管辖权的法院不宜行使管辖权，将马某伪造证据、妨害作证案指定给异地的法院（即 H 省 B 市中级法院）进行审理，龙某等人组织、领导、参加黑社会性质组织案依然由 K 市中级法院审理（尽管该案不可能判处无期徒刑、死刑，但是，中级法院可以审理由基层法院管辖的案件）。

4. K市中级法院将案件材料直接交给B市中级法院，该做法不正确。《高法解释》第20条规定："原受理案件的人民法院在收到上级人民法院改变管辖决定书、同意移送决定书或者指定其他人民法院管辖决定书后，对公诉案件，应当书面通知同级人民检察院，并将案卷材料退回，同时书面通知当事人；对自诉案件，应当将案卷材料移送被指定管辖的人民法院，并书面通知当事人。"马某伪造证据、妨害作证案属于公诉案件，所以，K市中级法院应当将案件材料退回K市检察院。

5. K市中级法院对龙某等人组织、领导、参加黑社会性质组织案在庭前审查时，发现该院没有管辖权，移送H省D市中级法院审理，该做法不正确。《高法解释》第181条第1款规定："人民法院对提起公诉的案件审查后，应当按照下列情形分别处理：……（二）不属于本院管辖或者被告人不在案的，应当退回人民检察院……"。在本案中，K市中级法院应当退回K市检察院。

6. 被害人温某向D市中级法院提起自诉，是正确的。《刑事诉讼法》第210条规定："自诉案件包括下列案件：（一）告诉才处理的案件；（二）被害人有证据证明的轻微刑事案件；（三）被害人有证据证明对被告人侵犯自己人身、财产权利的行为应当依法追究刑事责任，而公安机关或者人民检察院不予追究被告人刑事责任的案件。"本案中，D市检察院对龙某的组织、领导、参加黑社会性质组织案作出不起诉决定，被害人温某向D市中级法院提起自诉，该案就从公诉案件转为自诉案件。

7. 不正确。因为，《高法解释》第243条规定："审判期间，人民法院发现新的事实，可能影响定罪的，可以建议人民检察院补充或者变更起诉；人民检察院不同意或者在七日内未回复意见的，人民法院应当就起诉指控的犯罪事实，依照本解释第二百四十一条的规定作出判决、裁定。"本案中，B市中级法院审理中发现马某还涉嫌在另外一起刑事案件中妨碍作证，依据不告不理的原理，B市中级法院不得直接合并审理后作出判决，可以建议检察院补充对该起妨碍作证犯罪事实的起诉。

8. P市中级法院无权对抢劫罪进行审理。《高法解释》第11条规定："正在服刑的罪犯在判决宣告前还有其他罪没有判决的，由原审地人民法院管辖；由罪犯服刑地或者犯罪地的人民法院审判更为适宜的，可以由罪犯服刑地或者犯罪地的人民法院管辖。罪犯在服刑期间又犯罪的，由服刑地的人民法院管辖。罪犯在脱逃期间犯罪的，由服刑地的人民法院管辖。但是，在犯罪地抓获罪犯并发现其在脱逃期间的犯罪的，由犯罪地的人民法院管辖。"由此可见，本案中，对于龙某的抢劫罪这一新罪，应当由服刑地的法院即M市中级法院进行审理。

9. 冯某涉嫌受贿罪和徇私舞弊减刑罪，依据《刑事诉讼法》第19条第2款、《监察法》第11、34条、《关于人民检察院立案侦查司法工作人员相关职务犯罪案件若干问题的规定》的规定，冯某的受贿罪由监察委员会调查，徇私舞弊减刑罪可以由监察委员会调查，也可以由检察院立案侦查。此种情形下，对冯某一般应当由监察委员会为主调查，检察院予以协助。但检察院若在侦查冯某的徇私舞弊减刑罪时，发现冯某还涉嫌受贿罪，经与监察委员会沟通，认为全案由监察委员会管辖更为适宜的，检察院应当撤销案件，将案件和相应犯罪线索一并移送监察委员会；认为由监察委员会和检察院分别管辖更为适宜的，检察院应当将监察委员会管辖的相应职务犯罪线索移送监察委员会，对依法由检察院管辖的犯罪案件继续侦查。

# 专题四　回避

## 一、主观题考情分析

本专题在历年法律职业资格考试（司法考试）中未曾考查。本专题在案例分析题中宜结合着侦查、审查起诉、审判程序加以考查。考生应重点注意回避的适用对象和法定理由、自行回避、指令回避和申请回避的程序问题。当然，违反回避制度会带来的程序性法律后果与第二审的处理方式等密切相关。

## 二、模拟演练

### ▶案例

张某雇佣李某杀害赵某和周某，致赵某死亡，周某重伤。该案由 A 省 B 市公安局立案侦查，B 市公安局侦查人员甲和乙在讯问张某时，张某提出，甲是赵某的表弟，口头申请甲回避，于是，甲停止了对张某的讯问，由乙对张某继续进行讯问，B 市公安局局长刘某经审查后驳回了张某的回避申请。该案在侦查终结后，移送 B 市检察院审查起诉，在审查起诉中，周某的诉讼代理人提出参与审查起诉的检察人员胡某曾在侦查阶段担任证人，要求胡某回避，被 B 市检察院检察长驳回。该案后由 B 市检察院向 B 市中级法院提起公诉。B 市中级法院在审理中，张某提出 B 市中级法院院长蔡某可能是本案的幕后指使者，遂要求 B 市中级法院整体回避

（即 B 市中级法院所有法官回避）。张某的辩护人对公诉人向法庭出示的鉴定意见提出质疑，认为该鉴定意见系伪证，并且出庭的公诉人丙和丁参与了制造伪证，申请公诉人回避。李某的辩护人认为公诉人丙参与过本案的审查起诉，不得再出庭支持公诉，遂申请丙回避。上述三个回避申请均被 B 市中级法院当庭驳回。张某的辩护人对驳回的决定不服，要求复议，该复议申请也被驳回。B 市中级法院经过审理，判处张某死刑立即执行，李某无期徒刑。张某不服该判决，提出上诉，A 省高级法院以事实不清、证据不足为由，发回 B 市中级法院重审，B 市中院由原合议庭成员进行重审并维持原判，张某又不服，提出上诉，A 省高级法院由原合议庭成员重审后裁定撤销原判，发回 B 市中级法院重审。B 市中级法院重审后，维持张某的死刑立即执行判决，并改判李某十五年有期徒刑。之后，张某和李某均未上诉，B 市中级法院逐级报请最高人民法院核准，最高人民法院经过复核后，认为原判事实正确，但张某可不立即执行，遂裁定发回 B 市中级法院重审，B 市中级法院由原合议庭对张某改判为死刑缓期两年执行。

**问题：**

1. 侦查人员甲是否应当停止对张某的讯问？为什么？

2. B 市公安局局长驳回张某的回避申请，是否正确？为什么？

3. 法院在审理中发现乙是周某的近亲属，乙对张某的讯问笔录被要求排除，法院是否应当排除该讯问笔录？

4. B 市中级法院驳回张某、张某的辩护人、李某的辩护人的回避申请，是否正确？为什么？

5. 张某的辩护人对驳回的决定不服，要求复议，法院驳回该复议申请，是否正确？为什么？

6. B市中级法院两次由原合议庭成员进行重审，是否正确？为什么？

7. A省高级法院两次裁定撤销原判，发回B市中级法院重审，是否正确？为什么？

8. A省高级法院由原合议庭成员进行重审，是否正确？为什么？

✎ **答案与解析** ⚑

1. 侦查人员甲不应当停止对张某的讯问。因为，《公安部规定》第36条规定："在作出回避决定前，申请或者被申请回避的公安机关负责人、侦查人员不得停止对案件的侦查。作出回避决定后，申请或者被申请回避的公安机关负责人、侦查人员不得再参与本案的侦查工作。"

2. B市公安局局长驳回张某的回避申请，是正确的。因为，《刑事诉讼法》第29条规定："审判人员、检察人员、侦查人员有下列情形之一的，应当自行回避，当事人及其法定代理人也有权要求他们回避：（一）是本案的当事人或者是当事人的近亲属的；（二）本人或者他的近亲属和本案有利害关系的；（三）担任过本案的证人、鉴定人、辩护人、诉讼代理人的；（四）与本案当事人有其他关系，可能影响公正处理案件的。"同时，依据《刑事诉讼法》第108条第（六）项的规定，此条第（一）项中的"近亲属"若是公安机关办案人员的近亲属，指的是"夫、妻、父、母、子、女、同胞兄弟姊妹"。甲是赵某的表弟，不属于此处的近亲属，所以，B市公安局局长应驳回张某的回避申请。

3. 法院不应当排除该讯问笔录。《高法解释》第 81 条规定："被告人供述具有下列情形之一的，不得作为定案的根据：（一）讯问笔录没有经被告人核对确认的；（二）讯问聋、哑人，应当提供通晓聋、哑手势的人员而未提供的；（三）讯问不通晓当地通用语言、文字的被告人，应当提供翻译人员而未提供的。"《高法解释》第 82 条规定："讯问笔录有下列瑕疵，经补正或者作出合理解释的，可以采用；不能补正或者作出合理解释的，不得作为定案的根据：（一）讯问笔录填写的讯问时间、讯问人、记录人、法定代理人等有误或者存在矛盾的；（二）讯问人没有签名的；（三）首次讯问笔录没有记录告知被讯问人相关权利和法律规定的。"由此可见，乙对张某的讯问笔录既不属于《高法解释》第 81 条规定的强制性排除的讯问笔录，也不属于《高法解释》第 82 条规定的裁量排除的讯问笔录。

4. B 市中级法院驳回张某、张某的辩护人、李某的辩护人的回避申请，是正确的。

张某提出 B 市中级法院院长蔡某可能是本案的幕后指使者，遂要求 B 市中级法院整体回避。按照我国刑事诉讼法及司法解释的规定，我国不存在整体回避。所以，法院应当驳回张某的回避申请。

张某的辩护人对公诉人向法庭出示的鉴定意见提出质疑，认为该鉴定意见系伪证，并且出庭的公诉人丙和丁参与了制造伪证，申请公诉人回避。张某的辩护人所提出的回避理由不属于《刑事诉讼法》第 29 条、第 30 条规定的情形，按照《高法解释》第 30 条第 2 款的规定："当事人及其法定代理人申请回避被驳回的，可以在接到决定时申请复议一次。不属于刑事诉讼法第二十八条（现第二十九条）、第二十九条（现第三十条）规定情形的回避申请，由法庭当庭驳回，并不得申请复议。"

李某的辩护人认为公诉人丙参与过本案的审查起诉，不得再出庭支持公诉，遂申请丙回避。《高检规则》第30条规定，"参加过本案侦查的侦查人员，不得承办本案的审查逮捕、起诉和诉讼监督工作。"但该条并未禁止参与过审查起诉的办案人员再出庭支持公诉，而且，参与审查起诉和出庭支持公诉都属于公诉部门的职责，所以，参与过审查起诉的丙可以再出庭支持公诉，不需要回避，因此，法院对李某的辩护人的回避申请予以驳回，是正确的。

5. 正确。按照前引的《高法解释》第30条第2款的规定，张某的辩护人提出的回避理由不属于《刑事诉讼法》第29条、第30条规定情形的回避申请，所以，法庭当庭驳回，并不得申请复议。只有以法定理由申请回避，被驳回后，被驳回回避申请的当事人及其法定代理人、辩护人、诉讼代理人可以申请复议。

6. B市中级法院第一次由原合议庭成员进行重审，是不正确的。依据《刑事诉讼法》第239条的规定，原审人民法院对于第二审人民法院发回重新审判的案件，应当另行组成合议庭，依照第一审程序进行审判。

B市中级法院第二次由原合议庭成员进行重审，是正确的。《高法解释》第355条规定："最高人民法院裁定不予核准死刑，发回重新审判的案件，原审人民法院应当另行组成合议庭审理，但本解释第三百五十条第四项、第五项规定的案件除外。"《高法解释》第350条规定："最高人民法院复核死刑案件，应当按照下列情形分别处理：（一）原判认定事实和适用法律正确、量刑适当、诉讼程序合法的，应当裁定核准；（二）原判认定的某一具体事实或者引用的法律条款等存在瑕疵，但判处被告人死刑并无不当的，可以在纠正后作出核准的判决、裁定；（三）原判事实不清、证据不足的，应当裁定不予核准，并撤销原判，发回重新审判；（四）复核期间出现新的影响定罪量刑的事实、证据的，应当裁定不予核准，并撤销原判，发回重新审判；（五）原判认定事实正确，但依法不应当判处死刑的，应当裁定不予核准，并撤销原判，发回重新审判；（六）原审违反法定诉讼程序，可能影响公正审判的，应当裁定不予核准，并撤销原判，发回重新审判。"本案中，最高人民法院经过复核后，认为原判事实正确，但张某可不立即执行，裁定发回 B 市中级法院重审，B 市中级法院可以由原合议庭重审，不是应当另行组成合议庭审理。

7. A 省高级法院两次裁定撤销原判，发回 B 市中级法院重审，是正确的。

《刑事诉讼法》第 236 条第 1 款规定："第二审人民法院对不服第一审判决的上诉、抗诉案件，经过审理后，应当按照下列情形分别处理：（一）原判决认定事实和适用法律正确、量刑适当的，应当裁定驳回上诉或者抗诉，维持原判；（二）原判决认定事实没有错误，但适用法律有错误，或者量刑不当的，应当改判；（三）原判决事实不清楚或者证据不足的，可以在查清事实后改判；也可以裁定撤销原判，发回原审人民法院重新审判。"本案中，A 省高级法院第一次即是以上述第（二）项为由发回原审法院重新审理。

《刑事诉讼法》第 239 条规定："原审人民法院对于发回重新审判的案件，应当另行组成合议庭，依照第一审程序进行审判。对于重新审判后的判决，依照本法第二百二十七条、第二百二十八条、第二百二十九条的规定可以上诉、抗诉。"同时，《高法解释》第 329 条规定："第二审人民法院发现原审人民法院在重新审判过程中，有刑事诉讼法第二百二十七条（现第二百三十八条）规定的情形之一，或者违反第二百二十八条（现第二百三十九条）规定的，应当裁定撤销原判，发回重新审判。"所以，A 省高级法院第二次即是以违反《刑事诉讼法》第 239 条（即未另行组成合议庭进行审判）为由发回原审法院重新审理。

8. A 省高级法院由原合议庭成员进行重审，是正确的。《高法解释》第 25 条规定："参与过本案侦查、审查起诉工作的侦查、检察人员，调至人民法院工作的，不得担任本案的审判人员。在一个审判程序中参与过本案审判工作的合议庭组成人员或者独任审判员，不得再参与本案其他程序的审判。但是，发回重新审判的案件，在第一审人民法院作出裁判后又进入第二审程序或者死刑复核程序的，原第二审程序或者死刑复核程序中的合议庭组成人员不受本款规定的限制。"本案中，B 市中级法院重审后，A 省高级法院进行第二次的二审时，就不受"程序只能参加一次"的限制。

# 专题五  辩护与代理

## 一、主观题考情分析

| 年份 | 考点 | 题型 |
|---|---|---|
| 2008 年延考 | 委托辩护人、辩护律师的会见权 | 找错型案例分析 |
| 2005 年 | 可撰写辩护词 | 直接撰写型法律文书 |
| 2004 年 | 法律援助辩护、拒绝辩护 | 逐步发问型案例分析 |

　　本专题的重点是辩护，适宜结合诉讼程序加以考查。考生应注意辩护人的范围和人数、辩护人的诉讼权利和诉讼义务、辩护的种类（自行辩护、委托辩护、法律援助辩护）、拒绝辩护、法律援助值班律师等问题，对于刑事诉讼代理，主要注意其与辩护的区别。

## 二、模拟演练

### 案例

　　2017 年 7 月 10 日，莫某和吴某因涉嫌共同故意杀人、盗窃罪被 H 市公安局刑事拘留，在侦查过程中，吴某多次声称自己无罪，要求委托律师辩护，侦查人员表示，此案需要在有碍侦查的情形消失后，吴某才可以委托辩护律师。在 H 市公安局报请 H 市检察院批准逮捕后，莫某委托郭律师为其辩护，吴某委托其在 G 市担任公安局副局长的父亲老吴担任辩护人，被害人康某（已死亡）的父亲老康委托郝律师担任诉讼代理人。郭律师申请会见莫某，H市公安局告知郭律师，此案涉及国家秘密，需经许可才能会见。在郭律师一再承诺不会泄露国家秘密的情况下，H市公安局许可郭律师会见莫某，但H市公安局要求，在郭律师会见时，为了保证会见安全，侦查人员需要在场。在会见时，郭律师向莫某了解了案件有关情况、核实了能够证明莫某不在场的相关证据。

2017年10月18日，H市公安局侦查终结，移送H市检察院审查起诉，郭律师申请阅卷，H市检察院以部分案卷涉及商业秘密为由，不同意郭律师阅卷。在审查起诉阶段，郭律师在征求老康的同意之下，与老康商谈了赔偿事宜，并向老康调取了莫某曾给康某所书写的信件。在郭律师的一再要求下，H市检察院听取了郭律师对本案的意见。

2017年12月1日，H市检察院向H市中级法院提起公诉。12月21日，H市中级法院第一次开庭审理时，郭律师提出管辖权异议，被H市中级法院驳回，郭律师以退庭的方式表示抗议。H市中级法院认为，郭律师不服从审判长指挥，擅自离庭，拒绝继续为被告人莫某辩护。审判长遂依法决定休庭。12月27日，莫某向法院书面提出不再另行委托辩护人，H市中级法院通知法律援助机构指派律师严某为莫某提供辩护。2018年1月5日，莫某之父书面委托何律师为其辩护，法院征询莫某本人的意见，莫某本人表示由严某为其辩护。

在审理中，严某出示了莫某不在案发现场的证据，公诉人当即提出异议，称该证据在侦查、审查起诉阶段未向公诉机关告知，要求法院不认可该证据的效力。H市中级法院表示同意。在审理中，莫某与辩护人严某的辩护意见产生了分歧，要求更换辩护人，H市中级法院表示许可，但要求莫某只能另行委托辩护人辩护，法院不再通知法律援助机构为其指派律师辩护。莫某又委托了钟律师为其担任辩护人，钟律师提出如下辩护意见：此案事实不清、证据不足，但鉴于被害人曾拖欠莫某工资，而且在案发后积极救治被害人，且有自首，要求法院从宽处罚。H市中级法院以故意杀人罪判处被告人莫某死刑，以盗窃罪判处其有期徒刑5年，二罪并罚，决定执行死刑；以故意杀人罪判处被告人吴某15年有期徒刑。

**问题：**

1. 本案存在哪些程序违法之处？请说明理由。

2. 郭律师提出管辖权异议，被H市中级法院驳回后，郭律师有何救济途径？

3. 在郭律师退庭后，由严某为莫某辩护，H市中级法院的做法是否正确？为什么？

4. 莫某与辩护人严某的辩护意见产生了分歧，要求更换辩护人，法院能否以"辩护人有权依据事实和法律独立进行辩护，而不受犯罪嫌疑人、被告人意志的影响"为由拒绝莫某更换辩护人的请求？为什么？

5. 钟律师可否提出"事实不清"且"要求法院从宽处罚"的辩护意见？

**答案与解析**

1.（1）侦查人员表示，此案需要在有碍侦查的情形消失后，吴某才可以委托辩护律师，是错误的。《刑事诉讼法》第34条第1款规定："犯罪嫌疑人自被侦查机关第一次讯问或者采取强制措施之日起，有权委托辩护人；在侦查期间，只能委托律师作为辩护人。被告人有权随时委托辩护人。"

（2）吴某委托其在G市担任公安局副局长的父亲老吴担任其辩护人，是错误的。按照前引《刑事诉讼法》第34条第1款，在侦查期间，吴某只能委托律师作为辩护人，不能委托普通公民担任辩护人。

（3）被害人康某的父亲老康在侦查阶段委托郝律师担任诉讼代理人，是错误的，老康应从审查起诉之日起委托诉讼代理人。因为，《刑事诉讼法》第46条第1款规定："公诉案件的被害人及其法定代理人或者近亲属，附带民事诉讼的当事人及其法定代理人，自案件移送审查起诉之日起，有权委托诉讼代理人。"

（4）H市公安局告知郭律师，此案涉及国家秘密，需经许可才能会见，是错误的。依据《刑事诉讼法》第39条第3款的规定，危害国家安全犯罪、恐怖活动犯罪案件，在侦查期间辩护律师会见在押的犯罪嫌疑人，应当经侦查机关许可。本案属于故意杀人案，在侦查期间，郭律师不需要经过公安机关许可就可以会见莫某。

（5）H市公安局要求，在郭律师会见时，为了保证会见安全，侦查人员需要在场，是错误的。依据《关于依法保障律师执业权利的规定》第7条的规定，辩护律师会见犯罪嫌疑人、被告人时不被监听，办案机关不得派员在场。

（6）在会见时，郭律师向莫某核实了能够证明莫某不在场的相关证据，是错误的。依据《刑事诉讼法》第39条第 4 款的规定：“辩护律师会见在押的犯罪嫌疑人、被告人，可以了解案件有关情况，提供法律咨询等；自案件移送审查起诉之日起，可以向犯罪嫌疑人、被告人核实有关证据。”本案在侦查期间，郭律师不得向莫某核实不在场的相关证据。

（7）郭律师申请阅卷，H 市检察院以部分案卷涉及商业秘密为由，不同意郭律师阅卷，是错误的。《刑事诉讼法》第 40 条规定：“辩护律师自人民检察院对案件审查起诉之日起，可以查阅、摘抄、复制本案的案卷材料。其他辩护人经人民法院、人民检察院许可，也可以查阅、摘抄、复制上述材料。”《关于依法保障律师执业权利的规定》第 14 条第 4 款规定：“辩护律师查阅、摘抄、复制的案卷材料属于国家秘密的，应当经过人民检察院、人民法院同意并遵守国家保密规定。律师不得违反规定，披露、散布案件重要信息和案卷材料，或者将其用于本案辩护、代理以外的其他用途。”所以，郭律师查阅涉及商业秘密的案卷材料，无须 H 市检察院许可。

（8）在审查起诉阶段，郭律师在征求老康的同意之下，向老康调取了莫某曾给康某所书写的信件，是错误的。《刑事诉讼法》第 43 条规定：“辩护律师经证人或者其他有关单位和个人同意，可以向他们收集与本案有关的材料，也可以申请人民检察院、人民法院收集、调取证据，或者申请人民法院通知证人出庭作证。辩护律师经人民检察院或者人民法院许可，并且经被害人或者其近亲属、被害人提供的证人同意，可以向他们收集与本案有关的材料。”由此可见，郭律师向老康调取了莫某曾给康某所书写的信件，不仅要经过老康同意，还应经 H 市检察院许可。

（9）在郭律师的一再要求下，H 市检察院听取了郭律师关于本案的意见，存在程序违法。《刑事诉讼法》第 173 条第 1 款规定："人民检察院审查案件，应当讯问犯罪嫌疑人，听取辩护人或者值班律师、被害人及其诉讼代理人的意见，并记录在案。辩护人或者值班律师、被害人及其诉讼代理人提出书面意见的，应当附卷。"由此可见，H 市检察院在审查起诉时，应当主动听取郭律师的意见。

（10）在审理中，严某出示了莫某不在案发现场的证据，公诉人当即提出异议，称该证据在侦查、审查起诉阶段未向公诉机关告知，要求法院不认可该证据的效力，法院表示同意，是错误的。《刑事诉讼法》第 42 条规定："辩护人收集的有关犯罪嫌疑人不在犯罪现场、未达到刑事责任年龄、属于依法不负刑事责任的精神病人的证据，应当及时告知公安机关、人民检察院。"由此可见，莫某不在案发现场的证据，辩护人应当告知公安机关、检察院，但是，如果辩护人不告知，刑事诉讼法及司法解释也未要求排除，所以该证据也可以作为定案的根据。

（11）在审理中，莫某与辩护人严某的辩护意见产生了分歧，要求更换辩护人，H 市中级法院表示许可，但要求莫某只能另行委托辩护人辩护，法院不再通知法律援助机构为其指派律师辩护，是错误的。《刑事诉讼法》第 35 条第 3 款规定："犯罪嫌疑人、被告人可能被判处无期徒刑、死刑，没有委托辩护人的，人民法院、人民检察院和公安机关应当通知法律援助机构指派律师为其提供辩护。"《高法解释》第 45 条规定："被告人拒绝法律援助机构指派的律师为其辩护，坚持自己行使辩护权的，人民法院应当准许。属于应当提供法律援助的情形，被告人拒绝指派的律师为其辩护的，人民法院应当查明原因。理由正当的，应当准许，但被告人须另行委托辩护人；被告人未另行委托辩护人的，人民法院应当在三日内书面通知法律援助机构另行指派律师为其提供辩护。"本案中，莫某拒绝辩护人严某为其辩护，有正当理由的，应当准许，但莫某须另行委托辩护人，若莫某未另行委托辩护人的，法院应当通知法律援助机构另行为其指派律师提供辩护。

2. 依据《关于依法保障律师执业权利的规定》第 38 条的规定："法庭审理过程中，律师就回避，案件管辖，非法证据排除，申请通知证人、鉴定人、有专门知识的人出庭，申请通知新的证人到庭，调取新的证据，申请重新鉴定、勘验等问题当庭提出申请，或者对法庭审理程序提出异议的，法庭原则上应当休庭进行审查，依照法定程序作出决定。其他律师有相同异议的，应一并提出，法庭一并休庭审查。法庭决定驳回申请或者异议的，律师可当庭提出复议。经复议后，律师应当尊重法庭的决定，服从法庭的安排。律师不服法庭决定保留意见的内容应当详细记入法庭笔录，可以作为上诉理由，或者向同级或者上一级人民检察院申诉、控告。"本案中，郭律师提出管辖权异议，被 H 市中级法院驳回后，郭律师可当庭提出复议。经复议后，郭律师还不服的，可以作为上诉理由，或者向同级或者上一级人民检察院申诉、控告。

3. 正确。依据前引《刑事诉讼法》第 35 条第 3 款的规定，莫某可能判处无期徒刑、死刑，其属于应当法律援助辩护的对象，莫某的辩护人郭律师因为擅自离庭，拒绝继续为莫某辩护，同时，莫某向法院书面提出不再另行委托辩护人，但莫某必须有辩护人为其辩护，所以 H 市中级法院通知法律援助机构为其指派法律援助律师严某为其辩护，是正确的。

4. 不能。因为，根据《刑事诉讼法》的规定，犯罪嫌疑人、被告人有权选择自己认为合适的人担任辩护人，在诉讼过程中可以拒绝辩护人继续为自己辩护，也可以另行委托新的辩护人。当然，法院认为辩护人有权依据事实和法律独立进行辩护，而不受犯罪嫌疑人、被告人意志的影响，这一点是正确的，但是这一点并不能成为拒绝被告人更换辩护人的理由。

5. 钟律师可以提出"事实不清"且"要求法院从宽处罚"的辩护意见。依据《关于依法保障律师执业权利的规定》第 35 条的规定："辩护律师作无罪辩护的，可以当庭就量刑问题发表辩护意见，也可以庭后提交量刑辩护意见。"由此可见，辩护律师作无罪辩护的同时可以提出量刑辩护意见。

# 专题六　证据

## 一、主观题考情分析

| 年份 | 考点 | 题型 |
| --- | --- | --- |
| 2018 年 | 非法证据排除规则、证明标准、运用证据认定案件事实的规则 | 逐步发问型案例分析 |
| 2016 年 | 境外取得证据的运用、非法证据排除规则 | 逐步发问型案例分析 |
| 2015 年 | 非法证据排除规则、证明标准、运用证据认定案件事实的规则 | 逐步发问型案例分析 |
| 2013 年 | 非法证据排除的程序 | 逐步发问型案例分析 |
| 2012 年 | 非法证据排除规则、证明标准、运用证据认定案件事实的规则 | 逐步发问型案例分析 |
| 2011 年 | 非法证据排除规则、证明标准、运用证据认定案件事实的规则、证据关联性的判断 | 逐步发问型案例分析 |
| 2010 年 | 证明标准、运用证据认定案件事实的规则 | 逐步发问型案例分析 |
| 2006 年 | 非法证据排除规则、口供的运用规则 | 逐步发问型案例分析 |

证据这一专题理论性和实务性均较强，主观题可以围绕这两方面命题，在历年的考试中也曾多次围绕本专题考查案例分析（2018 年主观题第三题即为关于证据的案例分析题）和论述题。所以考生一方面应注意相关的理论，比如证据的

基本特征（尤其是证据的关联性和合法性）、刑事证据制度的基本原则、证据的理论分类等；另一方面还应对相关法律规定灵活运用，比如：非法证据排除规则、证据的法定种类、证明对象、证明责任、证明标准、证据的收集和运用规则、刑事证据规则及证人、鉴定人出庭作证制度等。

"通过案例分析等方式可检验考生在事实认定方面的实践能力"，这是法律职业资格考试命题的重要方面。所以，考生应特别注意学会用证据认定案件事实，理解和运用"证据确实、充分"的三个要求来判断证据是否足以认定案件事实。

## 二、主观题重要知识点必背

### （一）证据的关联性、合法性

| 基本特征 | 含义 |
| --- | --- |
| 关联性 | 也称为相关性，是指证据必须与案件事实有客观联系，对证明刑事案件事实具有某种实际意义，反之，与本案无关的事实或材料，都不能成为刑事证据。<br>①关联性是证据的一种客观属性，不是办案人员的主观想象或者强加的联系，而是根源于**证据事实同案件事实之间的客观联系**。<br>②证据与案件事实相关联的形式是多种多样、十分复杂的。其中最常见的是因果联系，即证据事实是犯罪的原因或结果的事实；其次是与犯罪相关的空间、时间、条件、方法、手段的事实。它们或者反映犯罪的动机，或者反映犯罪的手段，或者反映犯罪过程和实施犯罪的环境、条件，或者反映犯罪后果，还有**反映犯罪事实不存在或犯罪并非犯罪嫌疑人、被告人所为**等。<br>③证据的关联性是证据证明力的原因。证据对案件事实有无证明力以及证明力的大小，取决于证据本身与案件事实**有无联系**以及**联系的紧密、强弱程度**。 |

| 基本特征 | 含义 |
|---|---|
| 关联性 | ④关联性涉及证据相对于证明对象是否具有实质性，以及证据对于证明对象是否具有证明性。主要从以下两个角度判断证据是否具有关联性：第一，看该证据是否用来证明本案的争点问题，与案件的证明对象之间是否存在客观联系；第二，看该证据是否能够起到证明作用，即是否具有对案件事实的证明价值。<br>⑤不具有关联性的证据有：类似行为、品格证据、特定的诉讼行为、特定的事实行为、被害人过去的行为、表情。 |
| 合法性 | ①证据必须依照法定的程序收集。<br>②证据必须符合法定的证据形式。心理测试结论、警犬辨认等不符合证据的法定形式，不能作为认定案件事实的根据。<br>③证据经过法庭的质证程序才作为定案的根据，未经法庭质证的证据，不能在判决中使用。 |

## （二）证据裁判原则

| | | |
|---|---|---|
| 证据裁判原则 | 含义 | 证据裁判原则，又称证据裁判主义、证据为本原则，是指对于案件事实的认定，必须有相应的证据予以证明。没有证据或者证据不充分，不能认定案件事实。 |
| | 内容 | 证据裁判原则体现在以下几个方面：<br>①认定案件事实必须依靠证据，没有证据不能认定案件事实。<br>②用于认定案件事实的证据必须具有证据能力，即具有证据资格。<br>③用于定案的证据必须是在法庭上查证属实的证据，除非法律另有规定。<br>④综合全案证据必须达到法定的证明标准才能认定案件事实。 |

### 三、真题演练

**○ 案例①**

某天晚间，甲（另案处理）和乙到烧烤店吃饭，遇到甲的仇人丙，甲与丙发生口角，乙与烧烤店服务员丁劝阻未果，甲拿起烧烤店的板凳砸向丙头部，致其昏迷，于是，乙和丁一起把丙抬到乙的车上，乙驾车到达医院停车场，未将丙送医，而是将其留在车内并离开了停车场。6个小时后，甲与乙一起回到医院停车场将丙送进医院时，丙已死亡。

公安机关以故意杀人罪对乙立案侦查，收集了如下主要证据：

1. 乙的口供称：他到达医院停车场后，发现丙口鼻处大量出血、呼吸微弱，觉得丙已无抢救可能，为免惹祸上身，将车辆停放在停车场后离开，打算找甲商量，再一起去找丙家人协商私了此事，次日早晨5点左右和甲一起返回停车场时丙已死亡。

2. 甲的口供称：他与丙发生口角并动手，乙劝架，乙和丁将昏迷的丙抬上车，乙驾车将丙送往医院，以及乙于当晚23点多找到他，表示丙已经死亡，二人商量如何处理以及是否需要找丙家人私了的过程（内容与乙口供吻合）。

3. 丁的证言称：当晚甲与丙发生了口角进而动手，

---

① 本题系2018年国家统一法律职业资格考试主观题第三题的考生回忆版本。

22∶20 左右和乙一起将丙抬上车，丙当时只是昏迷并未出血，仍有呼吸和心跳，并认为如果抢救及时，丙不会死亡。

4. 多处监控录像，主要内容为：烧烤店附近路边监控录像显示乙于当晚 22∶20 左右驾车离开烧烤店，医院停车场监控录像显示乙于 22∶50 左右到达医院停车场后离开，乙车辆一直停放在停车场，次日早晨 5 点左右乙和甲一起来到停车场。

5. 法医学尸体检验鉴定书、尸体检查照片，主要内容为：丙头部的外伤与烧烤店的板凳相吻合，全身无其他伤痕。丙头部外伤致脑挫伤及蛛网膜下腔出血，同时由于其自身凝血和止血功能障碍，出血量不断增加致其死亡，但未能鉴定出丙的具体死亡时间。

6. 医院抢救记录显示：早晨 5 点多接诊丙时其已经完全死亡，因而未实际采取抢救措施。

7. 侦查实验笔录显示：22 点多从烧烤店驾车前往医院的时间为 30 分钟。

乙因涉嫌故意杀人罪被起诉到中级法院，法庭审理过程中，乙当庭翻供，表示侦查阶段遭到侦查人员刑讯逼供，被迫承认他到达停车场时丙尚未死亡，而实际上他到达医院停车场时，丙已无呼吸和心跳，他当时觉得丙已经完全死亡，乙还明确指出侦查人员对其刑讯的时间和地点，说明了侦查人员所采用的警棍击打等具体刑讯手段。乙的辩护律师申请排除乙之前的有罪供述，并要求播放同步录音录像，但公安机关以录像设备时好时坏为由，只提供了部分讯问乙时的录像，未包括乙所称被刑讯逼供的时间段，而公安机关提供的同步录像中未发现存在刑讯逼供的情况。乙的辩护律师还申请法庭对丙具体死亡时间进一步调查取证，但没有新的证据能够确定丙具体死亡时间。

**问题：**

基于上述案情与证据，本案应如何对乙作出判决（要求运用给出的证据和相应的法律规定对拟作出的判决进行充分论证）。

**答案与解析**

本题考查非法证据排除、运用证据认定案件事实的规则、认定有罪的证明标准、不作为的故意杀人罪的构成要件。《刑事诉讼法》第 200 条规定："在被告人最后陈述后，审判长宣布休庭，合议庭进行评议，根据已经查明的事实、证据和有关的法律规定，分别作出以下判决：（一）案件事实清楚，证据确实、充分，依据法律认定被告人有罪的，应当作出有罪判决；（二）依据法律认定被告人无罪的，应当作出无罪判决；（三）证据不足，不能认定被告人有罪的，应当作出证据不足、指控的犯罪不能成立的无罪判决。"《刑事诉讼法》第 55 条第 2 款规定："证据确实、充分，应当符合以下条件：（一）定罪量刑的事实都有证据证明；（二）据以定案的证据均经法定程序查证属实；（三）综合全案证据，对所认定事实已排除合理怀疑。"

在本案中，乙独自一人将昏迷的丙送往医院，并将其置于医院的停车场自己的车内 6 个多小时。按照刑法上的不作为犯罪的理论，虽然丙生命法益的危险不是乙直接造成的，但由于乙的送医行为，此时丙已经处于乙独立支配的车内，乙的先前行为导致其对丙负有救助义务。如果乙不予救助，而是将丙遗弃在自己的车内，而且该车停在了夜晚的医院停车场内。那么，乙便构成了不作为的故意杀人罪。

乙在法庭审理中称，在侦查阶段遭到侦查人员刑讯逼供，被迫承认他到达停车场时丙尚未死亡。乙还明确指出侦查人员对其刑讯的时间和地点，说明了侦查人员所采用的警棍击打等具体刑讯手段。乙的辩护律师申请排除乙之前的有罪供述，并要求播放同步录音录像，但公安机关以录像设备时好时坏为由，只提供了部分讯问乙时的录像，未包括乙所称被刑讯的时间段，而公安机关提供的同步录像中未发现存在刑讯逼供的情况。根据《刑法》第232条的规定，乙涉嫌故意杀人罪，可能判处无期徒刑、死刑。《刑事诉讼法》第123条规定："侦查人员在讯问犯罪嫌疑人的时候，可以对讯问过程进行录音或者录像；对于可能判处无期徒刑、死刑的案件或者其他重大犯罪案件，应当对讯问过程进行录音或者录像。录音或者录像应当全程进行，保持完整性。"《最高人民法院关于建立健全防范刑事冤假错案工作机制的意见》第8条第2款规定："除情况紧急必须现场讯问以外，在规定的办案场所外讯问取得的供述，未依法对讯问进行全程录音录像取得的供述，以及不能排除以非法方法取得的供述，应当排除。"据此，本案中讯问乙的录音录像未能反映部分时间段内讯问活动的，属于"未依法对讯问进行全程录音录像"。而且，依据《刑事诉讼法》第60条规定："对于经过法庭审理，确认或者不能排除存在本法第五十六条规定的以非法方法收集证据情形的，对有关证据应当予以排除。"

本案中，在侦查讯问期间，不能排除有对乙刑讯逼供的可能，因此，乙在侦查阶段"被迫承认他到达停车场时丙尚未死亡"的有罪供述，应当予以排除。

在排除上述证据之后，根据其他证据能够证实以下事实：

第一，甲与丙发生口角并动手致丙昏迷，乙劝架，当晚22：20左右乙和丁将丙抬上乙的车。这一事实有甲的供述、监控录像和侦查实验笔录加以证实。

第二，案发当晚22：20左右，乙和丁将丙抬到乙的车上的时候，丙昏迷，该事实有甲的供述和丁的证言证实。丁还称，丙当时仍有呼吸和心跳。

第三，案发当晚22：50，乙开车将丙送到医院停车场后独自一人离开。这一事实有甲和乙的供述、监控录像加以证实。

第四，乙于当晚23点多找到甲，二人商量如何处理以及是否需要找丙家人私了。这一事实有甲和乙的供述加以证实。

第五，次日早晨5点左右乙和甲一起来到医院停车场，将丙送往医院就医，当时丙已经死亡。这一事实有甲和乙的供述、监控录像、医院的抢救记录加以证实。

第六，丙的伤是板凳击打所致，这一事实有法医学尸体检验鉴定书、尸体检查照片和甲的供述、丁的证言加以证实。丙属于特殊体质，凝血和止血功能障碍，出血量不断增加致其死亡，这一事实有法医学尸体检验鉴定书、尸体检查照片加以证实。

综上，现有证据能证实：案发当晚，甲用板凳击打丙的头部，致其受伤昏迷。当晚22：20左右，乙和丁将丙抬上乙的车送医。当时，丙仍有呼吸和心跳。当晚22：50，乙开车将丙送到医院停车场后独自一人离开。乙于当晚23点多找到甲，二人商量如何处理以及是否需要找丙家人私了。次日凌晨5点，乙和甲回到医院停车场，将丙送往医院就医，当时丙已经死亡。

本案还需要证明的关键问题就是丙死亡的时间，即在案发当晚22：50乙将丙送往医院停车场时丙是否死亡。若丙当时未死亡，由于乙的先前行为，其对丙负有对生命危险的救助义务，即将丙送往医院救治。若乙不予救助，而是将丙遗弃在自己的车内，乙便构成不作为的故意杀人罪。若丙在案发当晚22：50已经死亡，即使乙此时再将丙送医救治也不能避免丙死亡结果的发生。丙的死亡结果不具有避免的可能性。那么，丙的死亡和乙的不及时送医之间不具有因果关系，乙即不构成故意杀人罪。

目前与丙的死亡时间相关的证据有：（1）甲的供述称，乙于当晚23点多找到他，表示丙已经死亡。（2）乙在侦查阶段的供述称，他到达停车场时丙尚未死亡，依据前面的论述，该供述系非法取得，应当排除。（3）乙在审判阶段的供述称，他到达医院停车场时，丙已无呼吸和心跳，他当时觉得丙已经完全死亡。（4）丁的证言称，当晚22：20左右，在将丙抬上乙的车时，丙当时只是昏迷并未出血，仍有呼吸和心跳，并认为如果抢救及时，丙不会死亡。"如果抢救及时，丙不会死亡"这一表述系丁的分析判断，属于意见证据。（5）法医学尸体检验鉴定书证实，丙自身有凝血和止血功能障碍，未能鉴定出丙的具体死亡时间。（6）乙的辩护律师还申请法庭对丙具体死亡时间进一步调查取证，但没有新的证据能够确定丙具体死亡时间。综上可知，与丙死亡的时间相关的证据（尤其是甲的供述、乙在审判阶段的供述与法医学尸体检验鉴定书）之间存在矛盾，现有证据并不能确定丙死亡的具体时间，丙死亡的时间有可能在案发当晚22：50乙将丙送往医院停车场之前，也可能是在该时间之后。但是，该事实是证明乙构成犯罪的关键一环，这就意味着乙构成犯罪的事实并不是都有证据证明，综合全案证据，对乙构成故意杀人罪这一事实的证明并未达到排除合理怀疑的程度，本案证据不符合《刑事诉讼法》第55条第2款规定的认定被告人有罪的"证据确实、充分"的要求，系事实不清、证据不足，不能认定被告人乙构成犯罪，依据《刑事诉讼法》第200条第（三）项的规定，法院应当作出证据不足、指控的犯罪不能成立的无罪判决。

## 四、模拟演练

### ▷ 案例1

2013年2月19日晚，陆某在W市建乐家园门前被公安机关抓获，当场查获其随身携带的两小包毒品及身边雪地上的两大包毒品，共计150.54克，经鉴定均含有甲基苯丙胺成分。3月8日，陆某因涉嫌运输毒品罪被逮捕。W市检察院以陆某犯运输毒品罪，于5月15日向W市中级法院提起公诉。

在开庭审理前，陆某及其辩护人称：陆某在侦查阶段作出的两份认罪供述，分别是2013年2月20日、21日在W

市 C 区公安局 Z 派出所作出的供述，皆是刑讯逼供所得，应当作为非法证据予以排除，并提供如下线索：（1）被告人 2 月 26 日进入看守所时的照片脸部有浮肿、眼睛青紫；（2）W 市第一看守所出具的健康检查笔录（载明陆某入所时"双眼青紫，左头部痛、自述系在 Z 派出所用吊飞机按在地上殴打所致"）；（3）陆某曾于 2013 年 2 月 22 日、26 日两次到 W 市医院就诊。陆某的辩护人还提出，公安机关还以陆某的妻子知道案情为由，将陆某的妻子带至某宾馆非法拘禁 63 小时，不让睡觉，让其指认陆某运输毒品的事实。辩护人要求法院排除陆某妻子的证言。

鉴于陆某及其辩护人申请排除上述供述和证言，W 市中级法院召开庭前会议，通知公诉人、辩护人参加，陆某要求参加庭前会议，被 W 市中级法院拒绝。在庭前会议中，W 市中级法院要求 W 市检察院提供证据证明陆某供述和陆妻证言的合法性，并称若不能提供，就排除该供述和证言。W 市检察院未提供证据，并要求撤回两份供述，被 W 市中级法院予以拒绝。

W 市中级法院在开庭审理后，对证据收集的合法性进行先行调查，W 市检察院当庭出示了 Z 派出所的情况说明（证明民警在 2 月 19 日晚抓获陆某时因天色已晚，在现场未发现陆某眼部有伤，将陆某带至 Z 派出所审查时发现陆某眼部有伤，陆某自称是 2 月 18 日自己撞到眼部所致并亲笔写下情况说明）、W 市检察院对陆某的两份讯问笔录（载明陆某之前的供述均是事实）。同时，W 市检察院主张，陆某所犯罪行不属于应当对讯问过程进行同步录音录像的情形，陆某的外伤与刑讯逼供无关。陆某及其辩护人认为，陆某的情况说明是在被逼迫的情况下写的，而且在没有全程录音录像的情况下进行讯问。公诉机关对陆某的妻子被公安机关非法拘禁的事实未予以否认。

W市中级法院经审理查明，W市检察院在审查起诉阶段的两次讯问笔录与侦查阶段陆某的供述相同，而且均未告知陆某诉讼权利和认罪的法律后果。W市中级法院在法庭辩论阶段对上述供述和证言收集的合法性进行调查后，控辩双方对上述供述和证言进一步发表了质证意见。W市中级法院综合全案证据，以陆某运输毒品罪，判处其无期徒刑。陆某提出上诉，第二审法院以程序违法，可能影响公正审判为由，裁定撤销原判，发回W市中级法院重新审判。

## 问题：

1. 陆某在侦查阶段和审查起诉阶段的供述是否应当排除？

2. 陆某妻子的证言是否应当排除？

3. 公安机关在侦查阶段是否应当对陆某的讯问过程进行录音录像？

4. 法院排除非法证据的程序存在哪些不合法之处？为什么？

5. 陆某及其辩护人若申请W市中级法院通知侦查人员出庭说明情况，W市中级法院应当如何处理？

## 答案与解析

1. 陆某在2013年2月19日被抓获至2月26日进入W市第一看守所，有多份证据证明陆某有眼睛青紫、面部肿胀的情形，尤其是 W 市第一看守所出具的健康检查笔录对此进行了反映，而公诉机关仅提供了陆某所写的说明和公安机关的情况说明，证明公安机关无非法取证行为。根据现有的证据及线索，目前不能排除公安机关存在以非法方法收集证据情形，故对被告人陆某在公安机关所作的供述笔录应予以排除。

W 市检察院在审查起诉阶段的两次讯问笔录与侦查阶段陆某的供述相同，而且均未告知陆某诉讼权利和认罪的法律后果。由此可见，审查起诉阶段的供述属于重复性供述，若受侦查阶段刑讯逼供行为影响的，应当排除。因为，《关于办理刑事案件严格排除非法证据若干问题的规定》第 5 条规定："采用刑讯逼供方法使犯罪嫌疑人、被告人作出供述，之后犯罪嫌疑人、被告人受该刑讯逼供行为影响而作出的与该供述相同的重复性供述，应当一并排除，但下列情形除外：（一）侦查期间，根据控告、举报或者自己发现等，侦查机关确认或者不能排除以非法方法收集证据而更换侦查人员，其他侦查人员再次讯问时告知诉讼权利和认罪的法律后果，犯罪嫌疑人自愿供述的；（二）审查逮捕、审查起诉和审判期间，检察人员、审判人员讯问时告知诉讼权利和认罪的法律后果，犯罪嫌疑人、被告人自愿供述的。"

2. 陆某妻子的证言应当排除。因为，《关于办理刑事案件严格排除非法证据若干问题的规定》第 6 条规定："采用暴力、威胁以及非法限制人身自由等非法方法收集的证人证言、被害人陈述，应当予以排除。"

3. 本案查获甲基苯丙胺 150.54 克，检察院指控陆某运输毒品罪，结合《刑法》第347条第2款的规定，本案的量刑幅度为15年有期徒刑、无期徒刑或者死刑。根据《公安部规定》第203条第2款的规定，"可能判处无期徒刑、死刑的案件"，是指应当适用的法定刑或者量刑档次包含无期徒刑、死刑的案件。因此，本案属于应当对讯问过程进行全程录音录像的案件。

4.（1）在庭前会议中，法院要求检察院提供证据证明陆某供述和陆妻证言的合法性，并声称若不能提供，就排除该供述和证言，是错误的。因为，《关于办理刑事案件严格排除非法证据若干问题的规定》第25条第1款规定："被告人及其辩护人在开庭审理前申请排除非法证据，按照法律规定提供相关线索或者材料的，人民法院应当召开庭前会议。人民检察院应当通过出示有关证据材料等方式，有针对性地对证据收集的合法性作出说明。人民法院可以核实情况，听取意见。"由此可见，法院在庭前会议中只能就证据收集的合法性核实情况，听取意见，不得排除非法证据。

（2）检察院要求撤回两份供述，被法院予以拒绝，是错误的。因为，《关于办理刑事案件严格排除非法证据若干问题的规定》第25条第2款规定："人民检察院可以决定撤回有关证据，撤回的证据，没有新的理由，不得在庭审中出示。"

（3）在法庭辩论阶段对陆某的供述和陆某妻子的证言的收集合法性进行调查，是错误的。因为，依据《关于办理刑事案件严格排除非法证据若干问题的规定》第30条的规定："庭审期间，法庭决定对证据收集的合法性进行调查的，应当先行当庭调查。但为防止庭审过分迟延，也可以在法庭调查结束前进行调查。"由此可见，法院最迟应在法庭调查结束前调查证据收集的合法性。

（4）法院未当庭决定陆某的供述和陆某妻子的证言是否排除，而且对该证据进行质证，是错误的。《关于办理刑事案件严格排除非法证据若干问题的规定》第33条规定："法庭对证据收集的合法性进行调查后，应当当庭作出是否排除有关证据的决定。必要时，可以宣布休庭，由合议庭评议或者提交审判委员会讨论，再次开庭时宣布决定。在法庭作出是否排除有关证据的决定前，不得对有关证据宣读、质证。"而且，依据《关于办理刑事案件严格排除非法证据若干问题的规定》第34条第2款的规定，对依法予以排除的证据，不得宣读、质证，不得作为判决的根据。

5. 陆某及其辩护人若申请W市中级法院通知侦查人员出庭说明情况，依据《关于办理刑事案件严格排除非法证据若干问题的规定》第27条的规定，法院认为现有证据材料不能证明证据收集的合法性，确有必要通知侦查人员出庭说明情况的，可以通知上述人员出庭。


## 案例2

2012年9月10日，卢某、苏某二人尾随下班回家的某洗浴中心女技师邓某，强行将邓某拖至草丛中轮奸。在邓某反抗过程中，卢某、苏某为掩盖罪行，使用扼颈、捂口等暴力手段致邓某死亡，并用随身携带的匕首挖坑将尸体掩埋，后逃离现场。同月19日，卢某、苏某被公安机关抓获。经鉴定，邓某系机械性窒息死亡。M市人民检察院对卢某及苏某向M市中级人民法院提起公诉。经过审理，M市中级人民法院认为，现场提取的带有邓某血迹的匕首，在提取笔录上没有侦查人员的签名；卢某与苏某共谋作案计划的书信复制件不能反映其原件及其内容；询问证人胡某的笔录显示，对胡某的询问地点是公安机关指定的M市一家宾馆；询问聋哑证人吴某的笔录显示，询问时未为其提供翻译辅助；讯问卢某的一份笔录，没有侦查人员的签名；讯问苏某的一份笔录没有经苏某核对确认；用于DNA鉴定的卢某的血样来源不明；现场指认录像显示，卢某在指认时多次迟疑不决，现场多次出现他人提示的情形，指认过程不顺畅、不自然；对卢某的辨认笔录，没有附具相应的录像；案发现场的监控录像，经审查无法确定其真伪。M市中级人民法院对其中一些证据予以排除，对另外一些证据在通过有关办案人员的补正或合理解释之后，作为定案的根据。

🖋 问题：

本案中，M市中级人民法院应对哪些证据予以排除？应对哪些证据要求有关办案人员予以补正或合理解释之后，才能作为定案的根据？

✏ 答案与解析 🎏

1. 本案中，以下证据应予以排除，不得作为定案的根据：

（1）卢某与苏某共谋作案计划的书信复制件不能反映其原件及其内容，不得作为定案的根据，因为，《高法解释》第71条第2款规定："书证有更改或者更改迹象不能作出合理解释，或者书证的副本、复制件不能反映原件及其内容的，不得作为定案的根据。"

（2）询问聋哑证人吴某的笔录显示，询问时未为其提供翻译辅助，不得作为定案的根据。因为，《高法解释》第76条规定："证人证言具有下列情形之一的，不得作为定案的根据：（一）询问证人没有个别进行的；（二）书面证言没有经证人核对确认的；（三）询问聋、哑人，应当提供通晓聋、哑手势的人员而未提供的；（四）询问不通晓当地通用语言、文字的证人，应当提供翻译人员而未提供的。"吴某的证言笔录属于上述第（三）项，不得作为定案的根据。

（3）讯问苏某的一份笔录没有经苏某核对确认并签名、捺指印，不得作为定案的根据。《高法解释》第81条规定："被告人供述具有下列情形之一的，不得作为定案的根据：（一）讯问笔录没有经被告人核对确认的；（二）讯问聋、哑人，应当提供通晓聋、哑手势的人员而未提供的；（三）讯问不通晓当地通用语言、文字的被告人，应当提供翻译人员而未提供的。"讯问笔录没有经苏某核对确认并签名、捺指印，属于上述第（一）项，不得作为定案的根据。

（4）用于DNA鉴定的卢某的血样来源不明，该鉴定意见不得作为定案的根据。因为，《高法解释》第85条规定："鉴定意见具有下列情形之一的，不得作为定案的根据：（一）鉴定机构不具备法定资质，或者鉴定事项超出该鉴定机构业务范围、技术条件的；（二）鉴定人不具备法定资质，不具有相关专业技术或者职称，或者违反回避规定的；（三）送检材料、样本来源不明，或者因污染不具备鉴定条件的；（四）鉴定对象与送检材料、样本不一致的；（五）鉴定程序违反规定的；（六）鉴定过程和方法不符合相关专业的规范要求的；（七）鉴定文书缺少签名、盖章的；（八）鉴定意见与案件待证事实没有关联的；（九）违反有关规定的其他情形。"对卢某的 DNA 鉴定意见属于上述第（三）项，不得作为定案的根据。

（5）现场指认录像显示，卢某在指认时多次迟疑不决，现场多次出现他人提示的情形，指认过程不顺畅、不自然，该辨认笔录不得作为定案的根据。《高法解释》第 90 条第 2 款规定："辨认笔录具有下列情形之一的，不得作为定案的根据：（一）辨认不是在侦查人员主持下进行的；（二）辨认前使辨认人见到辨认对象的；（三）辨认活动没有个别进行的；（四）辨认对象没有混杂在具有类似特征的其他对象中，或者供辨认的对象数量不符合规定的；（五）辨认中给辨认人明显暗示或者明显有指认嫌疑的；（六）违反有关规定、不能确定辨认笔录真实性的其他情形。"卢某的辨认笔录属于上述第（五）项，不得作为定案的根据。

（6）案发现场的监控录像，经审查无法确定其真伪的，不得作为定案的根据。因为，《高法解释》第 94 条规定："视听资料、电子数据具有下列情形之一的，不得作为定案的根据：（一）经审查无法确定真伪的；（二）制作、取得的时间、地点、方式等有疑问，不能提供必要证明或者作出合理解释的。"

2. 本案中，以下证据在有关办案人员予以补正或合理解释之后，才能作为定案的根据：

（1）现场提取的带有被害人邓某血迹的匕首，在提取笔录上没有侦查人员的签名，经补正或者作出合理解释的，可以采用。《高法解释》第73条第2款规定："物证、书证的收集程序、方式有下列瑕疵，经补正或者作出合理解释的，可以采用：（一）勘验、检查、搜查、提取笔录或者扣押清单上没有侦查人员、物品持有人、见证人签名，或者对物品的名称、特征、数量、质量等注明不详的；（二）物证的照片、录像、复制品，书证的副本、复制件未注明与原件核对无异，无复制时间，或者无被收集、调取人签名、盖章的；（三）物证的照片、录像、复制品，书证的副本、复制件没有制作人关于制作过程和原物、原件存放地点的说明，或者说明中无签名的；（四）有其他瑕疵的。"本案中的匕首属于上述第（一）项，经补正或者作出合理解释的，可以采用。

（2）询问证人胡某的笔录显示，对胡某的询问地点是在公安机关指定的M市一家宾馆，经补正或者作出合理解释的，可以采用。《高法解释》第77条规定："证人证言的收集程序、方式有下列瑕疵，经补正或者作出合理解释的，可以采用；不能补正或者作出合理解释的，不得作为定案的根据：（一）询问笔录没有填写询问人、记录人、法定代理人姓名以及询问的起止时间、地点的；（二）询问地点不符合规定的；（三）询问笔录没有记录告知证人有关作证的权利义务和法律责任的；（四）询问笔录反映出在同一时段，同一询问人员询问不同证人的。"因为询问证人不得在公安机关指定的地点进行，所以，对胡某的询问笔录属于上述第（二）项，经补正或者作出合理解释的，可以采用。

（3）讯问卢某的一份笔录，没有侦查人员的签名，经补正或者作出合理解释的，可以采用。《高法解释》第82条规定："讯问笔录有下列瑕疵，经补正或者作出合理解释的，可以采用；不能补正或者作出合理解释的，不得作为定案的根据：（一）讯问笔录填写的讯问时间、讯问人、记录人、法定代理人等有误或者存在矛盾的；（二）讯问人没有签名的；（三）首次讯问笔录没有记录告知被讯问人相关权利和法律规定的。"对卢某的讯问笔录属于上述第（二）项，经补正或者作出合理解释的，可以采用。

（4）对卢某的辨认笔录，没有被辨认对象的录像，经补正或者作出合理解释的，可以作为证据使用。《关于办理死刑案件审查判断证据若干问题的规定》第30条第2款规定："有下列情形之一的，通过有关办案人员的补正或者作出合理解释的，辨认结果可以作为证据使用：（一）主持辨认的侦查人员少于二人的；（二）没有向辨认人详细询问辨认对象的具体特征的；（三）对辨认经过和结果没有制作专门的规范的辨认笔录，或者辨认笔录没有侦查人员、辨认人、见证人的签名或者盖章的；（四）辨认记录过于简单，只有结果没有过程的；（五）案卷中只有辨认笔录，没有被辨认对象的照片、录像等资料，无法获悉辨认的真实情况的。"对卢某的辨认笔录属于上述第（五）项，经补正或者作出合理解释的，可以作为证据使用。

## 案例3

2013年7月24日，无业人员赵某在H市从名叫"英子"的女子手中购买冰毒，供自己吸食。当日上午，赵某返回J市，在J市G区广发百货市场门口接到"英子"的电话，后赵某携带冰毒驾驶BMW轿车到G区鑫源杂货店门口，等候居住在鑫源小区的翟某。在此期间赵某发现公安人员后伺机逃跑，两天后，赵某在其姑妈家被公安人员抓获。经公安人员搜查，在赵某驾驶的BMW轿车内查获白色晶体2管，粉红色晶体1管，电子秤一个。经测试，公安人员所搜查出的3管晶体总净重9.04克。经司法鉴定，所搜查出的3管晶体检出甲基苯丙胺成分。赵某称不知道"英子"的真实姓名和住址，公安机关未查获"英子"。检察机关对赵某提起公诉，向法院移送了如下证据材料：

——被告人赵某供述称，自己购买毒品用于自己吸食，后接到卖方"英子"的电话，让其将毒品带给翟某，但是，自己没有同意。自己车上的电子秤是为了确认"英子"卖给自己的毒品数量之用。

——证人翟某称，赵某接到自己的电话委托后，同意将手中的毒品转让给自己。

——证人秦某称，2013年7月24日中午，赵某在鑫源杂货店门口等候翟某。

——公安机关的搜查笔录、扣押物品清单、现场照片、鉴定意见证明，在赵某的BMW车中搜查到含有甲基苯丙胺成分的晶体3管，共9.04克。

——被告人赵某的身份证明，证明被告人赵某的身份情况以及具有刑事责任能力。

✈ 问题：

1. 赵某发现公安人员后伺机逃跑这一事实，与赵某实施了被指控的犯罪行为，是否有关联性？为什么？

2. 若需认定被告人赵某有罪，检察院必须证明哪些事项？

3. 依据有关法律、司法解释规定和刑事证明理论，运用本案现有证据，分析能否认定赵某构成犯罪；如果构成犯罪，构成何罪，请说明理由。

✏ 答案与解析 ▪

1. 有关联性。证据的关联性指的是作为证据内容的事实与案件事实之间存在某种联系。关联性涉及证据相对于证明对象是否具有实质性，以及证据对于证明对象是否具有证明性。本案中，赵某发现公安人员后伺机逃跑，单独不能证明赵某犯罪，但是，相对而言，有逃跑的事实更使人确信赵某可能实施犯罪，所以，该证据对于赵某有罪的事实，能够起到一定的证明作用，其具有关联性。

2. 若需认定被告人赵某运输毒品罪，检察院需要证明：第一，赵某已满 16 周岁，具有辨认控制能力；第二，赵某具有运输毒品的故意，赵某认识到自己运输的是毒品；第三，赵某实施了运输毒品的行为，尤其是，本案中赵某必须是想将毒品带给翟某，而不是为了自己吸食。

若需认定被告人赵某非法持有毒品罪，检察院需要证明：第一，赵某已满 16 周岁，具有辨认控制能力；第二，赵某主观上是故意，必须明知自己持有的是毒品或者可能是毒品；第三，赵某持有的是毒品，赵某持有毒品没有合法的根据。而且，持有的毒品达到一定的数量，如本案中的甲基苯丙胺达 10 克以上。

3. 依据《刑事诉讼法》第 200 条第（一）项规定："案件事实清楚，证据确实、充分，依据法律认定被告人有罪的，应当作出有罪判决。"据此，我国刑事诉讼中认定被告人有罪的诉讼证明标准是"犯罪事实清楚，证据确实充分"。依据《刑事诉讼法》第 55 条第 2 款规定："证据确实、充分，应当符合以下条件：（一）定罪量刑的事实都有证据证明；（二）据以定案的证据均经法定程序查证属实；（三）综合全案证据，对所认定事实已排除合理怀疑。"本案中，被告人赵某将自己购得的毒品应"英子"的要求运输转卖给翟某的事实，只有证人翟某的证言证实，被告人赵某对此事实一直予以否认，现无其他证据予以佐证。被告人赵某的供述和证人翟某的证言均证实赵某是为了吸食在"英子"处购得的毒品，其系吸毒者。虽在运输毒品的过程中被查获，综合全案证据，不能证明其携带毒品是为了实施其他毒品犯罪行为。本案现有证据，对被告人赵某定罪量刑的证据不能够形成完整的证据体系，不能得出唯一的、排他的结论，故认定赵某运输毒品的事实不清、证据不足，不能认定赵某构成运输毒品罪。

另外，依据《刑法》第 348 条的规定："非法持有鸦片一千克以上、海洛因或者甲基苯丙胺五十克以上或者其他毒品数量大的，处七年以上有期徒刑或者无期徒刑，并处罚金；非法持有鸦片二百克以上不满一千克、海洛因或者甲基苯丙胺十克以上不满五十克或者其他毒品数量较大的，处三年以下有期徒刑、拘役或者管制，并处罚金；情节严重的，处三年以上七年以下有期徒刑，并处罚金。"本案中，查获的甲基苯丙胺总净重 9.04 克，未达到刑法规定的非法持有毒品罪的最低重量标准，故对赵某也不能认定非法持有毒品罪。

# 专题七　强制措施

## 一、主观题考情分析

| 年份 | 考点 | 题型 |
|------|------|------|
| 2013 年 | 指定居所监视居住 | 逐步发问型案例分析 |
| 2002 年 | 取保候审的保证方式、逮捕 | 找错型案例分析 |

对于本专题，应当注意拘传、取保候审、监视居住、刑事拘留、逮捕等五种强制措施适用的主体、对象、条件、程序、期限等问题。考生不仅应明白这五种强制措施的区别，还应把握取保候审、监视居住、拘留和逮捕之间的联系与变换。同时，本专题与侦查专题密切相关，易结合考查。

## 二、模拟演练

### ▷ 案例 1

C 市公安局接到某公司报案，被盗苹果笔记本电脑 8 台，价值人民币近 16 万元。被盗公司提供线索称，本公司被辞退的员工聋哑人何某离开公司时未交出钥匙，其理由是他的钥匙丢了，于是，公司怀疑他有作案的条件，要求公安机关进行调查。C 市公安局于 2016 年 6 月 3 日上午 10 点将何某从 B 市拘传至 C 市，何某被拘传到案后，侦查人员告诉他说："我现在不问你了，给你 5 个小时，你自己好好想想最近做过什么违法的事情。"然后就把何某关在一间屋子中，下午3点，该民警再对何某进行讯问，何某交代了盗窃电脑的犯罪事实。但是，何某称自己盗窃原单位电脑是有原因的，他在公司工作期间，公司曾经因为漏税，被税务机关处以120万元的罚款。由于他和税务局长是亲戚关系，公司领导让他出面疏通，后罚款减为60万元。公司领导为此曾答应将免除的60万元罚款的10%作为他的奖金。但后来在他离开公司时，公司领导拒付给他这笔奖金，他很生气，就想出了盗窃公司电脑的办法，并告之被盗电脑现藏于他家中。讯问后，侦查人员让何某留在公安局讯问室。侦查人员根据何某提供的线索并向何某要了他家的钥匙，在没有任何人在场的情况下，侦查人员自行开门对何某的住宅进行了搜查，发现了被盗的全部8台电脑，当即予以扣押，同时还扣押了何某家写字台上一件非常珍贵的文物。进行这些工作之后，6月4日下午2点正式拘留何某。由于本案进展顺利，而办案人员手头又有另外一起重大案件，暂时就先放下了本案，直到6月30日才向C市检察院办理提请批准逮捕何某的手续。C市检察院经阅卷后认为，何某与原单位存在奖金纠纷，何某的行为不以犯罪论处为宜，作出了不批准逮捕的决定。C市公安局接到不批准逮捕决定书后，进行过调查，被盗公司领导也承认以前确实承诺过要给何某奖金，但考虑到通过关系减轻罚款本身是不正当的，受损失的是国家，再给他奖励有些不妥，就没有给他。C市公安局也认为，何某所要的奖金是不正当的，此情况不影响盗窃罪的定性，坚持认为何某的行为构成犯罪，于是，向C市检察院提出复议申请。在复议期间，为防止何某逃跑始终关押着何某。

1. 本案的诉讼程序存在哪些违法之处？请说明理由。

2. 对于本案性质的分歧，你同意检察机关的意见还是公安机关的意见，并请说明理由。

✎ **答案与解析**

1.（1）将何某从 B 市拘传至 C 市，是错误的。因为，《公安部规定》第 74 条第 1 款规定："公安机关根据案件情况对需要拘传的犯罪嫌疑人，或者经过传唤没有正当理由不到案的犯罪嫌疑人，可以拘传到其所在市、县内的指定地点进行讯问。"由此可见，对何某只能在 B 市内拘传并进行讯问。

（2）拘传何某以后，在 5 个小时后才进行讯问，是错误的。因为拘传的性质是强制讯问，本身没有羁押的效力，因此拘传犯罪嫌疑人后应当立即进行讯问。

（3）6 月 4 日下午 2 点才拘留何某，是错误的。根据《刑事诉讼法》第 119 条第 2 款的规定："传唤、拘传持续的时间不得超过十二小时；案情特别重大、复杂，需要采取拘留、逮捕措施的，传唤、拘传持续的时间不得超过二十四小时。"本案中，拘传的持续时间实际达到了 26 个小时。

（4）侦查人员在没有任何其他人在场的情况下，自行入室进行搜查，是错误的。因为，《刑事诉讼法》第 139 条第 1 款规定："在搜查的时候，应当有被搜查人或者他的家属，邻居或者其他见证人在场。"

（5）侦查人员扣押何某写字台上的珍贵文物，是错误的。因为，《刑事诉讼法》第141条第1款规定："在侦查活动中发现的可用以证明犯罪嫌疑人有罪或者无罪的各种财物、文件，应当查封、扣押；与案件无关的财物、文件，不得查封、扣押。"扣押的物品范围应当限于危险品、违禁品以及与犯罪有关的物品或者文件，本案中的珍贵文物显然不属于上述范围。

（6）C市公安局6月30日提请批准逮捕何某，是错误的。《刑事诉讼法》第91条第1、2款规定："公安机关对被拘留的人，认为需要逮捕的，应当在拘留后的三日以内，提请人民检察院审查批准。在特殊情况下，提请审查批准的时间可以延长一日至四日。对于流窜作案、多次作案、结伙作案的重大嫌疑分子，提请审查批准的时间可以延长至三十日。"本案不属于多次作案、流窜作案或者结伙作案的情况，最长应当在7日以内报捕，C市公安局6月4日拘留犯罪嫌疑人，6月30日才报请逮捕，超过了法定的期限。

（7）C市检察院在审查批捕时仅仅只是阅卷，是不正确的。因为《高检规则》第305条规定："侦查监督部门办理审查逮捕案件，可以讯问犯罪嫌疑人；有下列情形之一的，应当讯问犯罪嫌疑人：（一）对是否符合逮捕条件有疑问的；（二）犯罪嫌疑人要求向检察人员当面陈述的；（三）侦查活动可能有重大违法行为的；（四）案情重大疑难复杂的；（五）犯罪嫌疑人系未成年人的；（六）犯罪嫌疑人是盲、聋、哑人或者是尚未完全丧失辨认或者控制自己行为能力的精神病人的。"本案中，何某是聋哑人，C市检察院在审查批捕时，不仅应阅卷，还应当讯问何某。

（8）C市公安局在C市检察院作出不批准逮捕的决定后，继续关押何某的做法不正确。因为，根据《刑事诉讼法》第91条第3款的规定："人民检察院不批准逮捕的，公安机关应当在接到通知后立即释放，并且将执行情况及时通知人民检察院。对于需要继续侦查，并且符合取保候审、监视居住条件的，依法取保候审或者监视居住。"因此，C市公安局始终关押何某的做法是不正确的。

2. 关于本案的定性，不管同意检察机关的意见还是同意公安机关的意见，都必须充分说明理由。如果同意检察机关的意见，要重点论证何某所要的奖金是正当的；如果同意公安机关的意见，要重点论证何某所要的奖金是不正当的。

## 案例2

2013年4月26日，家住A市B区的柳某怀疑其妻子童某与隔壁老王有染，柳某伙同其好友蔡某将老王殴打成重伤。童某报警后，A市B区公安局派员到现场未出示拘留证即对柳某和蔡某进行拘留。经过讯问，柳某和蔡某对自己的犯罪事实供认不讳，B区公安局在案发当日对此案进行立案侦查。拘留后当即在B区公安局讯问室对二人进行讯问，4月28日，B区公安局在讯问完毕后将二人送往B区看守所羁押。因担心通知后有碍侦查，B区公安局未在拘留后通知柳某和蔡某的家属。B区公安局报请B区检察院对二人批捕，检察院鉴于柳某是该案的主犯，蔡某系从犯，对柳某批准逮捕，对蔡某作出不批准逮捕的决定，同时建议B区公安局对蔡某取保候审。蔡某的好友朱某（美籍华人）提出担任蔡某的保证人，B区公安局要求朱某交3万元保证金，决定对蔡某取保候审，B区公安局要求蔡某在取保候审期间不得离开其所居住的小区，同时不得与老王接触。柳某的舅父张某向B区检察院为柳某申请羁押必要性审查，B区检察院侦查监督部门经过审查，认为被害人老王存在过错，柳某的母亲生活不能自理且无人照顾，于是决定对柳某监视居住，B区公安局在该区红星宾馆对其实施监视居住，为防止柳某逃跑，在该宾馆房间安装了监控。柳某委托的辩护律师要求会见柳某，B区公安局因担心串供，而未予安排。

在监视居住期间，B区公安局通过对柳某的讯问，得知柳某还曾在C市持刀抢劫过两起，共劫得人民币2000元。B区公安局进行调查后发现，由于两起被害人均没有报案，也无法找到被害人，抢劫的赃款也已被柳某花光了，对于抢劫事实除了柳某本人的口供外，没有任何其他证据。但考虑到本案尚在侦查阶段，以后还有时间进一步侦查，于是B区公安局同时以柳某涉嫌抢劫罪为由，再次报请B区检察院批捕。B区检察院经审查，作出了退回补充侦查的决定。

✎ 问题：

1. 本案诉讼程序存在哪些程序违法？请说明理由。

2. B区检察院能不能作出退回补充侦查的决定？为什么？

✐ 答案与解析

1. （1）童某报警后，A市B区公安局派员到现场未出示拘留证即对柳某和蔡某进行拘留，是错误的。《公安部规定》第121条规定："拘留犯罪嫌疑人，应当填写呈请拘留报告书，经县级以上公安机关负责人批准，制作拘留证。执行拘留时，必须出示拘留证，并责令被拘留人在拘留证上签名、捺指印，拒绝签名、捺指印的，侦查人员应当注明。紧急情况下，对于符合本规定第一百二十条所列情形之一（即先行拘留的八种情形）的，应当将犯罪嫌疑人带至公安机关后立即审查，办理法律手续。"本案中，未出现上述法条中规定的"紧急情况下"以及"先行拘留的八种情形"，所以，对柳某和蔡某进行拘留，应当出示拘留证。

（2）B区公安局4月26日对柳某和蔡某拘留，4月28日在讯问完毕后将二人送往B区看守所羁押，此处的错误是，拘留后未在24小时内对二人进行讯问并送看守所羁押。因为，《刑事诉讼法》第85条第1、2款规定："公安机关拘留人的时候，必须出示拘留证。拘留后，应当立即将被拘留人送看守所羁押，至迟不得超过二十四小时。"

（3）B区公安局因担心通知后有碍侦查，未在拘留后通知柳某和蔡某的家属，是错误的。《刑事诉讼法》第85条第2款规定："除无法通知或者涉嫌危害国家安全犯罪、恐怖活动犯罪通知可能有碍侦查的情形以外，应当在拘留后二十四小时以内，通知被拘留人的家属。有碍侦查的情形消失以后，应当立即通知被拘留人的家属。"本案系故意伤害案，不属于危害国家安全犯罪、恐怖活动犯罪，公安机关不得以有碍侦查为由不通知被拘留人柳某和蔡某的家属。

（4）检察院建议B区公安局对蔡某取保候审，是错误的。依据《刑事诉讼法》第91条第3款的规定："人民检察院应当自接到公安机关提请批准逮捕书后的七日以内，作出批准逮捕或者不批准逮捕的决定。人民检察院不批准逮捕的，公安机关应当在接到通知后立即释放，并且将执行情况及时通知人民检察院。对于需要继续侦查，并且符合取保候审、监视居住条件的，依法取保候审或者监视居住。"本案中，检察院对蔡某作出不批准逮捕的决定即可，无须建议 B 区公安局对蔡某取保候审，是否对蔡某取保候审，由 B 区公安局自行决定。

（5）蔡某的好友朱某（美籍华人）提出担任蔡某的保证人，是错误的。依据《刑事诉讼法》第 69 条的规定："保证人必须符合下列条件：（一）与本案无牵连；（二）有能力履行保证义务；（三）享有政治权利，人身自由未受到限制；（四）有固定的住处和收入。"朱某系美籍华人，不享有政治权利，故其不能担任蔡某的保证人。

（6）B 区公安局要求朱某交 3 万元保证金，是错误的。因为，《公安部规定》第 80 条规定："对同一犯罪嫌疑人，不得同时责令其提出保证人和交纳保证金。"由此可见，不能要求保证人缴纳保证金，否则，保证人保证和保证金保证二者就并用了。

（7）B 区公安局要求蔡某在取保候审期间不得离开其所居住的小区，是错误的。《刑事诉讼法》第 71 条规定："被取保候审的犯罪嫌疑人、被告人应当遵守以下规定：（一）未经执行机关批准不得离开所居住的市、县；（二）住址、工作单位和联系方式发生变动的，在二十四小时以内向执行机关报告；（三）在传讯的时候及时到案；（四）不得以任何形式干扰证人作证；（五）不得毁灭、伪造证据或者串供。人民法院、人民检察院和公安机关可以根据案件情况，责令被取保候审的犯罪嫌疑人、被告人遵守以下一项或者多项规定：（一）不得进入特定的场所；（二）不得与特定的人员会见或者通信；（三）不得从事特定的活动；（四）将护照等出入境证件、驾驶证件交执行机关保存。"由此可见，要求蔡某在取保候审期间不得离开其所居住的小区，既不属于被取保候审人的法定义务，也不是被取保候审人的酌定义务。

（8）柳某的舅父张某向 B 区检察院为柳某申请羁押必要性审查，是错误的。《人民检察院办理羁押必要性审查案件规定（试行）》第 7 条规定："犯罪嫌疑人、被告人及其法定代理人、近亲属、辩护人申请进行羁押必要性审查的，应当说明不需要继续羁押的理由。有相关证明材料的，应当一并提供。"同时，依据《刑事诉讼法》第 108 条第（六）项规定："'近亲属'是指夫、妻、父、母、子、女、同胞兄弟姊妹。"本案中，柳某的舅父不是其近亲属，故其无权为柳某申请羁押必要性审查。

（9）B 区检察院侦查监督部门进行羁押必要性审查，是错误的，应当由 B 区检察院刑事执行检察部门进行羁押必要性审查。因为，《人民检察院办理羁押必要性审查案件规定（试行）》第 3 条规定："羁押必要性审查案件由办案机关对应的同级人民检察院刑事执行检察部门统一办理，侦查监督、公诉、侦查、案件管理、检察技术等部门予以配合。"

（10）B 区检察院在进行羁押必要性审查后，认为被害人老王存在过错，柳某的母亲生活不能自理且无人照顾，于是决定对柳某监视居住，是错误的。因为，《人民检察院办理羁押必要性审查案件规定（试行）》第 18 条规定："经羁押必要性审查，发现犯罪嫌疑人、被告人具有下列情形之一，且具有悔罪表现，不予羁押不致发生社会危险性的，可以向办案机关提出释放或者变更强制措施的建议：（一）预备犯或者中止犯；（二）共同犯罪中的从犯或者胁从犯；（三）过失犯罪的；（四）防卫过当或者避险过当的；（五）主观恶性较小的初犯；（六）系未成年人或者年满七十五周岁的人；（七）与被害方依法自愿达成和解协议，且已经履行或者提供担保的；（八）患有严重疾病、生活不能自理的；（九）系怀孕或者正在哺乳自己婴儿的妇女；（十）系生活不能自理的人的唯一扶养人；（十一）可能被判处一年以下有期徒刑或者宣告缓刑的；（十二）其他不需要继续羁押犯罪嫌疑人、被告人的情形。"本案中，柳某符合上述第（十）种情形，B 区检察院只能向 B 区公安局提出监视居住的建议。

（11）B 区公安局在该区红星宾馆对柳某实施监视居住，是错误的。《刑事诉讼法》第 75 条第 1 款规定："监视居住应当在犯罪嫌疑人、被告人的住处执行；无固定住处的，可以在指定的居所执行。对于涉嫌危害国家安全犯罪、恐怖活动犯罪，在住处执行可能有碍侦查的，经上一级公安机关批准，也可以在指定的居所执行。但是，不得在羁押场所、专门的办案场所执行。"本案中，柳某家住 A 市 B 区，有固定住处，而且，柳某所涉嫌的是故意伤害罪，不是危害国家安全罪和恐怖活动犯罪，所以，不能对柳某指定居所监视居住。

（12）柳某委托的辩护律师要求会见柳某，B 区公安局因担心串供而未予安排，是错误的。依据《刑事诉讼法》第39条第1、2、3款规定："辩护律师可以同在押的犯罪嫌疑人、被告人会见和通信。其他辩护人经人民法院、人民检察院许可，也可以同在押的犯罪嫌疑人、被告人会见和通信。辩护律师持律师执业证书、律师事务所证明和委托书或者法律援助公函要求会见在押的犯罪嫌疑人、被告人的，看守所应当及时安排会见，至迟不得超过四十八小时。危害国家安全犯罪、恐怖活动犯罪案件，在侦查期间辩护律师会见在押的犯罪嫌疑人，应当经侦查机关许可。"本案系故意伤害案件，不属于危害国家安全犯罪、恐怖活动犯罪案件，柳某的辩护律师要求会见被监视居住的柳某，无须侦查机关许可，B区公安局应当安排会见。

2. B区检察院不能作出退回补充侦查的决定。根据《刑事诉讼法》第90条的规定："人民检察院对于公安机关提请批准逮捕的案件进行审查后，应当根据情况分别作出批准逮捕或者不批准逮捕的决定。对于批准逮捕的决定，公安机关应当立即执行，并且将执行情况及时通知人民检察院。对于不批准逮捕的，人民检察院应当说明理由，需要补充侦查的，应当同时通知公安机关。"由此可见，在审查批捕阶段，检察院只能作出批准逮捕或者不批准逮捕的决定，不能作出退回补充侦查的决定，补充侦查可以在不批准逮捕的同时附带作出。

B区检察院可以作出批准逮捕的决定。《高检规则》第142条规定："对实施多个犯罪行为或者共同犯罪案件的犯罪嫌疑人，符合本规则第一百三十九条的规定，具有下列情形之一的，应当批准或者决定逮捕：（一）有证据证明犯有数罪中的一罪的；（二）有证据证明实施多次犯罪中的一次犯罪的；（三）共同犯罪中，已有证据证明有犯罪事实的犯罪嫌疑人。"这就意味着，对于涉嫌几个罪名的，只要其中一个罪有证据证明就符合逮捕的证据条件，就应当作出批准逮捕的决定。

# 专题八　附带民事诉讼

## 一、主观题考情分析

| 年份 | 考点 | 题型 |
|---|---|---|
| 2014 年 | 附带民事诉讼审理程序 | 逐步发问型案例分析 |
| 2008 年 | 附带民事诉讼受理、一审、二审程序 | 逐步发问型案例分析 |
| 2005 年 | 可写附带民事起诉状 | 直接撰写型法律文书 |
| 2003 年 | 附带民事起诉状 | 找错型法律文书 |

　　本专题应当注意刑事附带民事诉讼中刑事部分与附带民事部分的关系，即附带民事诉讼要建立在刑事部分基础上，以此为基点理解相关的制度和程序。对于附带民事诉讼成立的条件，考生应学会确定附带民事请求权人、附带民事诉讼赔偿责任人，同时，会区分附带民事诉讼赔偿范围和不予赔偿的范围。对附带民事诉讼程序，尤其要注意附带民事诉讼调解、附带民事诉讼的裁判、附带民事财产保全、对检察院提起附带民事诉讼的处理、附带民事诉讼当事人不到案等内容。此外，考生还应结合附带民事诉讼二审来掌握附带民事诉讼审理程序。

## 二、模拟演练

### ○ 案例

　　甲曾因办厂急需资金，向乙借现金 5000 元。一年后，乙投资大片产业，要求甲返还借款。甲一开始说过几天还，乙遂多次催促。其后，甲便借口拖延。事实上，甲因经营不善已经无力还款。某日，乙约甲到其家中再次商谈还款事宜，甲想赖账，叫上其朋友丙、丁到乙家，进门就声称乙根本未曾借钱给他，双方遂发生口角，继而动起手来。乙被甲、丙、丁用木棍打成重伤，乙家中的家具和生活用品亦多数被砸坏。在双方的互殴中，甲、丙、丁不慎打中围观的邻居明明的头部，但其经 K 县医院检查，未发现受伤。甲、丙、丁在当晚还潜入乙家附近，点火将乙的两间房烧毁，该大火还殃及乙家附近的冰冰纺织厂（系国有企业），将冰冰纺织厂的车间烧毁。

K 县公安局将甲依法逮捕，对丙、丁取保候审，K 县检察院对甲、丙、丁提起公诉时，乙和 K 县检察院均提起附带民事诉讼，乙要求甲、丙、丁赔偿医疗费用 1 万元、家中物品的经济损失 3.2 万元、精神损失费 3 万元，并要求法院判决甲归还所借的 5000 元，K 县检察院要求甲、丙、丁向冰冰纺织厂赔偿损失 3 万元。

K 县法院在审理中，丙下落不明，法院将甲、丙、丁均列为附带民事诉讼被告人。K 县法院在审理时，丁经过传唤未到庭，K 县法院就附带民事诉讼部分进行调解，但未达成协议，分别判决甲、丙、丁有期徒刑两年半、一年、六个月，赔偿乙医疗费用和物品损失 7400 元，但对精神损失和归还借款的请求不予支持，赔偿 K 县检察院 3 万元。甲对第一审附带民事判决不服，提出上诉。明明因后来查出颅部有内伤，在上诉期间提出附带民事诉讼。第二审法院一并予以受理，经审理，除维持一审对甲所判的刑罚和甲应向乙赔偿的经济损失以外，另判决甲赔偿明明 8000 元医疗费。

**问题：**

1. 第一审法院对附带民事诉讼审理和判决是否正确？为什么？

2. 若 K 县检察院在第一审程序中撤回对甲、丙、丁的起诉，K 县法院对附带民事诉讼请求如何处理？

3. 第二审法院的做法是否正确？为什么？

4. 若第二审法院认为附带民事判决正确，但是，对丙的量刑过重，第二审法院应当如何处理？

**答案与解析**

1.（1）第一审法院对附带民事诉讼的审理程序存在的问题：

①第一审法院将丙列为附带民事诉讼被告人，是错误的。因为，《高法解释》第 146 条规定："共同犯罪案件，同案犯在逃的，不应列为附带民事诉讼被告人。逃跑的同案犯到案后，被害人或者其法定代理人、近亲属可以对其提起附带民事诉讼，但已经从其他共同犯罪人处获得足额赔偿的除外。"

②丁经过传唤未到庭，K 县法院对附带民事诉讼作出判决，是错误的。依据《高法解释》第 158 条第 2 款的规定："刑事被告人以外的附带民事诉讼被告人经传唤，无正当理由拒不到庭，或者未经法庭许可中途退庭的，附带民事部分可以缺席判决。"本案中，丁是刑事被告人同时也是附带民事被告人，其不到庭，法院不得对附带民事诉

讼作出判决。

（2）第一审法院对甲的附带民事诉讼请求的判决，是正确的：

①虽然当事人主张赔偿医疗费和家中的物品损失费4.2万元，但这是当事人的请求数额，法院最终认定的时候，还是要依靠证据和事实，所以法院的判决数额和当事人的请求数额不一致是正常的。

②对精神损害赔偿费和归还借款的请求不予支持，是正确的。《高法解释》第138条规定："被害人因人身权利受到犯罪侵犯或者财物被犯罪分子毁坏而遭受物质损失的，有权在刑事诉讼过程中提起附带民事诉讼；被害人死亡或者丧失行为能力的，其法定代理人、近亲属有权提起附带民事诉讼。因受到犯罪侵犯，提起附带民事诉讼或者单独提起民事诉讼要求赔偿精神损失的，人民法院不予受理。"由此可见，附带民事诉讼中不能以精神损害作为诉因，只能要求被告人赔偿物质损失；同时，这种物质损失还必须是被告人的行为直接造成的。本案中，借款行为是一起民事纠纷，发生在刑事案件之前，理应通过提起正式的民事诉讼的方式解决，而不应当通过附带民事诉讼的方式解决。

（3）第一审法院对K县检察院的附带民事诉讼请求的判决，是错误的。因为，《高法解释》第156条规定："人民检察院提起附带民事诉讼的，人民法院经审理，认为附带民事诉讼被告人依法应当承担赔偿责任的，应当判令附带民事诉讼被告人直接向遭受损失的单位作出赔偿；遭受损失的单位已经终止，有权利义务继受人的，应当判令其向继受人作出赔偿；没有权利义务继受人的，应当判令其向人民检察院交付赔偿款，由人民检察院上缴国库。"由此可见，本案中，法院只能要求甲、丙、丁向被害单位冰冰纺织厂作出附带民事赔偿，不能要求甲、丙、丁向 K 县检察院作出赔偿。

2. 若 K 县检察院在第一审程序中撤回对甲、丙、丁的起诉，K 县法院可以进行调解；不宜调解或者经调解不能达成协议的，应当裁定驳回起诉，并告知乙可以另行提起民事诉讼。因为，《高法解释》第 160 条第 2 款规定："人民法院准许人民检察院撤回起诉的公诉案件，对已经提起的附带民事诉讼，可以进行调解；不宜调解或者经调解不能达成协议的，应当裁定驳回起诉，并告知附带民事诉讼原告人可以另行提起民事诉讼。"

3. 第二审法院的做法是错误的，根据《高法解释》第 161 条的规定："第一审期间未提起附带民事诉讼，在第二审期间提起的，第二审人民法院可以依法进行调解；调解不成的，告知当事人可以在刑事判决、裁定生效后另行提起民事诉讼。"这就意味着，附带民事诉讼应当在第一审宣告判决前提起，只有这样，才具备合并审理的基础，附带民事诉讼的级别管辖也才能和刑事案件的管辖相一致。本案中，明明在上诉期间才提起附带民事诉讼，这种情况下，第二审法院应当告知明明在刑事裁判生效后另行提起民事诉讼，而不应当受理并做出判决，造成附带民事诉讼部分实际上是一审终审的不合理局面。

4. 若第二审法院认为附带民事判决正确，但是，对丙的量刑过重，第二审法院应当依照审判监督程序对刑事部分进行再审，并将附带民事部分与刑事部分一并审理。因为，

《高法解释》第 331 条规定："第二审人民法院审理对附带民事部分提出上诉，刑事部分已经发生法律效力的案件，发现第一审判决、裁定中的刑事部分确有错误的，应当依照审判监督程序对刑事部分进行再审，并将附带民事部分与刑事部分一并审理。"

# 专题九　期间、送达

## 主观题考情分析

　　本专题曾在 2004 年司法考试中考查补充侦查的期限、被害人请求检察院抗诉的期限。在配备法律法规的主观题中不大会再出现此种纯识记型的题目。对于期间，应注意期间的计算方法、重要的法定期间、期间耽误后的补救等知识点。考生在做题时，若题目中出现期间，应计算是否超期。对于送达，应注意每种送达方式应遵守的程序，尤其是留置送达的程序。

# 专题十  立案

## 一、主观题考情分析

本专题在历年法律职业资格考试（司法考试）中未曾加以考查。本专题的重点在于立案材料的来源（如报案、举报和控告的区别）、立案的条件（事实条件和法律条件）、立案的程序（如对立案材料的接收、初查程序以及初查后的处理、被害人对不立案的救济程序、检察院对立案的监督等）。此外，本专题会结合管辖、侦查等程序加以考查，所以，考生还应注意立案与侦查的关系。

## 二、模拟演练

### ◘ 案例

张某和李某同住 A 市 B 区，两人是邻居，张某家住楼上，李某家住楼下。张某装修卫生间噪音很大，李某去张某家进行交涉，两人情绪都比较激动，后来争吵起来。李某先动手打了张某一拳，张某便拿起装修用的铁锤朝李某一通乱砸，造成李某多处骨折，身上多处受伤，被家人送往医院救治。因为当时看上去情况很严重，张某害怕出大事，于是潜逃。李某经过治疗，伤情稳定，经鉴定为轻伤。李某出院后，在家人的陪同下，到 A 市 B 区公安局提出控告，要求追究张某的刑事责任。公安局接待他们的民警了解情况后，告诉他们此案是轻伤，属于自诉案件，不归公安局管辖，让他们直接到法院起诉。李某继而向 A 市 B 区检察院举报张某，B 区检察院以没有管辖权为由，告知李某要求 A 市 B 区公安局立案。被害人李某则强调张某逃跑了，他自己找不到，坚持要求公安局立案，并抓获张某。接待民警在李某的一再要求下受理了控告，但几天以后作出了不立案的决定，理由就是等张某归案后才能立案。李某不服该不立案决定，向 A 市公安局提请复议，A 市公安局驳回了该复议申请。随后，李某向 B 区检察院申诉，要求检察院进行不立案监督。B 区检察院认为，公安机关应当对本案立案，于是直接向 B 区公安局送达了立案通知书，B 区公安局接到通知后，遂通过电话监听、发布通缉令的方式，将张某抓获，对该案作出了立案决定。张某对该立案决定不服，向 B 区检察院提出申诉。

### 问题：

1. A 市 B 区公安局接待李某的民警的说法是否正确？为什么？

2. 李某向 A 市 B 区检察院举报张某，是否正确？为什么？

3. A 市 B 区检察院以没有管辖权为由，告知李某要求 A 市 B 区公安局立案，这一做法是否正确？为什么？

4. A 市 B 区公安局作出不立案的理由是否正确？为什么？

5. 李某向 A 市公安局提请复议，是否正确？为什么？

6. B 区检察院直接向 B 区公安局送达立案通知书的做法是否正确？如果不正确，应当如何处理？

7. B 区公安局在本案中可否通过电话监听、发布通缉令的方式抓获张某？为什么？

8. 张某对该立案决定不服，向 B 区检察院提出申诉。若 B 区检察院认为该立案决定有错误，应当如何处理？

✏️ **答案与解析** 🔖

1. 接待民警的说法不正确。根据《刑事诉讼法》和《六机关规定》中的规定，轻伤害案属于第二类自诉案件，这类案件不同于第一类告诉才处理的案件。告诉才处理的案件原则上只能自诉，排斥公诉；轻伤害案等其他属于第二类的自诉案件，是可以自诉，而不是只能自诉。本案中，犯罪嫌疑人已经逃跑，被害人要求公安机关立案的做法实质上就是放弃自诉的权利，要求公安机关以公诉案件处理，这种情况下公安机关就应当立案侦查。

2. 李某向 A 市 B 区检察院举报张某，是错误的。《刑事诉讼法》第 110 条第 2 款规定：“被害人对侵犯其人身、财产权利的犯罪事实或者犯罪嫌疑人，有权向公安机关、人民检察院或者人民法院报案或者控告。”由此可见，控告的主体是被害人，控告的对象是犯罪人，故李某可以向 A 市 B 区检察院控告张某。

3. A 市 B 区检察院以没有管辖权为由，告知李某要求 A 市 B 区公安局立案，这一做法是错误的。《刑事诉讼法》第 110 条第 3 款规定：“公安机关、人民检察院或者人民法院对于报案、控告、举报，都应当接受。对于不属于自己管辖的，应当移送主管机关处理，并且通知报案人、控告人、举报人；对于不属于自己管辖而又必须采取紧急措施的，应当先采取紧急措施，然后移送主管机关。”由此可见，A 市 B 区检察院应当先接受，然后移送 A 市 B 区公安局。

4. A 市 B 区公安局作出不立案的理由，是不正确的。依据《刑事诉讼法》第 112 条的规定，公诉案件的立案条件是"有犯罪事实需要追究刑事责任"。由此可见，公诉案件在立案时无须抓获犯罪嫌疑人，只需查清犯罪事实有无发生即可。

5. 李某向 A 市公安局提请复议，是错误的。《公安部规定》第 176 条规定："控告人对不予立案决定不服的，可以在收到不予立案通知书后七日以内向作出决定的公安机关申请复议；公安机关应当在收到复议申请后七日以内作出决定，并书面通知控告人。控告人对不予立案的复议决定不服的，可以在收到复议决定书后七日以内向上一级公安机关申请复核；上一级公安机关应当在收到复核申请后七日以内作出决定。对上级公安机关撤销不予立案决定的，下级公安机关应当执行。"由此可见，李某作为控告人，对 B 区公安局不立案决定不服，只能向 B 区公安局申请复议，对复议决定不服的，才可以向 A 市公安局申请复核。

6. B 区检察院直接向 B 区公安局送达立案通知书的做法不正确。这违背了《刑事诉讼法》规定的检察机关对公安机关不立案的案件进行监督的程序，根据《刑事诉讼法》第 113 条的规定，B 区检察院应当首先要求公安机关说明不立案的理由，如果认为理由不能成立，才能通知 B 区公安局立案。本案中，B 区检察院未经要求公安机关说明不立案理由的程序就直接通知公安机关立案，是错误的。

7. B 区公安局在本案中通过电话监听、发布通缉令的方式抓获张某，是错误的。《公安部规定》第 171 条第 3 款规定："初查过程中，公安机关可以依照有关法律和规定采取询问、查询、勘验、鉴定和调取证据材料等不限制被调查对象人身、财产权利的措施。"由此可见，电话监听作为技术侦查措施、发布通缉令作为侦查手段，只能在侦查阶段适用，不得在初查阶段适用。

8. 依据《高检规则》第 555 条的规定，张某对该立案决定不服，向 B 区检察院提出申诉。若 B 区检察院认为该立案决定有错误，应当要求 B 区公安局书面说明立案理由，B 区检察院应当进行审查，认为 B 区公安局立案理由不能成立的，应当通知 B 区公安局撤销案件。

# 专题十一　侦查

## 一、主观题考情分析

| 年份 | 考点 | 题型 |
|------|------|------|
| 2013 年 | 技术侦查 | 逐步发问型案例分析 |
| 2008 年延考 | 辨认 | 找错型案例分析 |

本专题的重点在于侦查措施、侦查终结、侦查羁押期限、补充侦查等，尤其是侦查措施，具体包括讯问犯罪嫌疑人、询问证人、被害人、勘验、检查、搜查、扣押物证、书证、鉴定、技术侦查、辨认、通缉等。此外，考生还应注意讯问犯罪嫌疑人与询问证人、被害人的程序的区别、搜查与检查的区别等。本专题的侦查措施与证据排除范围密切相关，适宜结合命题。

## 二、模拟演练

### ▶ 案例 1

H 省 P 市公安局在侦查李某、王某贩卖毒品案中，首先对李某进行讯问，李某称自己只是参与贩毒，但这些都是王某指使的，侦查人员叫来王某与李某进行对质。因为讯问的录音录像设备正在维修，故未对讯问过程进行录音录像。随后，公安机关提取了李某、王某的手机中的通话、短信记录等证据，同时将李某、王某手机发还给二人的家人。侦查人员通过现有证据，发现王某的上家为"郭小猴"。经再次提审，王某交代出"郭小猴"的真实姓名为郭某，贩毒成员还有"清亮""二孩"等二人。公安机关遂对郭某等人立案侦查。随后，侦查人员将郭某和其他6名女"线人"的照片放在一起，让王某、李某同时从中辨认，王某和李某指认出郭某，侦查人员迅速将其抓捕到案。后又两次到当地跟踪督查，经过调查走访P市两个戒毒所，终于查清"清亮""二孩"等二人的真实身份为许某和郑某，后在另一起贩毒案件中，通过控制下的交付，将许某和郑某抓获归案。

侦查人员在讯问王某时，王某还称曾向"永胜"购买毒品。经调查，"永胜"真实姓名是尤某。因为尤某逃往H省B市，P市公安局发布通缉令，对尤某实施抓捕。P市公安局在B市尤某的家中抓捕尤某时，为防止尤某脱逃，未通知B市公安局，也未向尤某出示搜查证，侦查人员对其住宅进行搜查，结果未找到任何线索。P市检察院鉴于此案重大、复杂，提前介入侦查阶段，在抓捕尤某时，提前介入侦查的检察官及时建议对从尤某身上起获的毒品包装物进行生物物证检验。经鉴定，该毒品包装袋上提取的两枚指纹系尤某左手食指、拇指所留，有力证实了毒品系尤某所有。鉴于尤某拒不供认犯罪，P市公安局经P市检察院批准，运用大数据系统查询尤某行踪，发现其多次往返于P市和B市之间，并有大额银行转账记录，经与B市公安机关协调，查清其向B市下家贩卖毒品甲基苯丙胺1625.43克、氯胺酮2.58克。P市公安局冻结并扣划了尤某350万元的贩毒所得。另查明其故意伤害致人轻伤的犯罪事实，于是P市公安局对尤某重新计算侦查羁押期限。

此案经 H 省 P 市检察院提起公诉，H 省 P 市中级法院分别以贩卖毒品罪判处李某、王某、郭某无期徒刑，判处许某、郑某有期徒刑 15 年，以贩卖、运输毒品罪、故意伤害罪数罪并罚判处尤某死刑，缓期 2 年执行。

**问题：**

1. 本案的诉讼程序存在哪些不合法之处？请说明理由。

2. 如何看待检察院提前介入侦查这一做法？

3. P 市公安局可否对此案实施控制下交付和运用大数据系统查询犯罪嫌疑人的行踪？为什么？

**答案与解析**

1. （1）侦查人员叫来王某与李某进行对质，是错误的。讯问共同犯罪案件的犯罪嫌疑人，应当分别进行，单独讯问，以防止同案犯串供或者相互影响供述。

（2）因为讯问的录音录像设备正在维修，故未对讯问过程进行录音录像，是错误的。《刑事诉讼法》第 123 条第 1 款规定："侦查人员在讯问犯罪嫌疑人的时候，可以对讯问过程进行录音或者录像；对于可能判处无期徒刑、死刑的案件或者其他重大犯罪案件，应当对讯问过程进行录音或者录像。"本案中，李某、王某被判处了无期徒刑，所以在侦查讯问时应当录音、录像。

（3）公安机关将李某、王某的手机发还给二人的家人，是错误的。《关于办理刑事案件收集提取和审查判断电子数据若干问题的规定》第 8 条第 1 款规定："收集、提取电子数据，能够扣押电子数据原始存储介质的，应当扣押、封存原始存储介质，并制作笔录，记录原始存储介质的封存状态。"因此，公安机关应当扣押、封存李某、王某的手机。

（4）侦查人员将郭某和其他6名女"线人"的照片放在一起，让王某、李某同时从中辨认。这里面有两个错误，其一，被辨认对象的数量不符合规定，按照《公安部规定》第251条的规定："辨认犯罪嫌疑人时，被辨认的人数不得少于七人；对犯罪嫌疑人照片进行辨认的，不得少于十人的照片；辨认物品时，混杂的同类物品不得少于五件。对场所、尸体等特定辨认对象进行辨认，或者辨认人能够准确描述物品独有特征的，陪衬物不受数量的限制。"由此可见，在辨认犯罪嫌疑人的照片时只提供了7张照片是错误的，应当不少于10人的照片。其二，王某和李某同时辨认，是错误的，应当由二人单独辨认。因为，《公安部规定》第250条第2款规定："几名辨认人对同一辨认对象进行辨认时，应当由辨认人个别进行。"

（5）尤某逃往H省B市，P市公安局发布通缉令，是错误的。《刑事诉讼法》第155条规定："应当逮捕的犯罪嫌疑人如果在逃，公安机关可以发布通缉令，采取有效措施，追捕归案。各级公安机关在自己管辖的地区以内，可以直接发布通缉令；超出自己管辖的地区，应当报请有权决定的上级机关发布。"由此可见，应当由H省公安厅对尤某发布通缉令。

（6）P市公安局在B市尤某的家中抓捕尤某时，为防止尤某脱逃，未通知B市公安局，是错误的。《刑事诉讼法》第83条规定："公安机关在异地执行拘留、逮捕的时候，应当通知被拘留、逮捕人所在地的公安机关，被拘留、逮捕人所在地的公安机关应当予以配合。"本案中的逮捕属于异地逮捕，P市公安局应当通知B市公安局，B市公安局应当配合。

（7）P市公安局在搜查时，未向尤某出示搜查证，是错误的。《刑事诉讼法》第138条规定："进行搜查，必须向被搜查人出示搜查证。在执行逮捕、拘留的时候，遇有紧急情况，不另用搜查证也可以进行搜查。"本案中，尽管P市公安局是在执行逮捕，但未遇到紧急情况，所以，P市公安局也必须出示搜查证，才能进行搜查。

（8）运用大数据系统查询尤某行踪，这属于技术侦查手段，但无须经P市检察院批准。因为，《公安部规定》第256条第1款规定："需要采取技术侦查措施的，应当制作呈请采取技术侦查措施报告书，报设区的市一级以上公安机关负责人批准，制作采取技术侦查措施决定书。"由此可见，P市公安局只需要经过公安机关内部的严格审批，就可以采用技术侦查手段。

（9）P市公安局扣划了尤某350万元的贩毒所得，是错误的。《刑事诉讼法》第144条第1款规定："人民检察院、公安机关根据侦查犯罪的需要，可以依照规定查询、冻结犯罪嫌疑人的存款、汇款、债券、股票、基金份额等财产。"本案还处于侦查阶段，P市公安局可以冻结违法所得，但是不能扣划。

（10）P市公安局查明尤某故意伤害致人轻伤的犯罪事实，于是对尤某重新计算侦查羁押期限，是错误的。《公安部规定》第147条规定："在侦查期间，发现犯罪嫌疑人另有重要罪行的，应当自发现之日起五日以内报县级以上公安机关负责人批准后，重新计算侦查羁押期限，制作重新计算侦查羁押期限通知书，送达看守所，并报批准逮捕的人民检察院备案。前款规定的'另有重要罪行'，是指与逮捕时的罪行不同种的重大犯罪以及同种犯罪并将影响罪名认定、量刑档次的重大犯罪。"本案中的轻伤害不属于"另有重大罪行"，所以，不能重新计算侦查羁押期限。

2. 检察院提前介入侦查这一做法是有法律和司法解释依据的。《刑事诉讼法》第87条规定："公安机关要求逮捕犯罪嫌疑人的时候，应当写出提请批准逮捕书，连同案卷材料、证据，一并移送同级人民检察院审查批准。必要的时候，人民检察院可以派人参加公安机关对于重大案件的讨论。"《高检规则》第567条规定："人民检察院根据需要可以派员参加公安机关对于重大案件的讨论和其他侦查活动，发现违法行为，情节较轻的可以口头纠正，情节较重的应当报请检察长批准后，向公安机关发出纠正违法通知书。"

检察院作为我国的法律监督机关，检察院提前介入侦查是履行法律监督职能的体现。检察院提前介入侦查，主要是由于公安机关的侦查活动与检察机关的起诉和批捕具有关联性，该做法有助于及时批捕犯罪和准确起诉犯罪，可以为起诉、庭审打下坚实基础。

无论是检察机关还是侦查机关，其刑事诉讼的目的具有一致性，均致力于确保侦查取证的有效性和合法性，共同推进刑事诉讼程序公正与实体公正的统一，在保障人权的基础上实现打击犯罪的目的。检察院提前介入侦查，符合"以审判为中心"诉讼制度改革的客观要求。"以审判为中心"的诉讼制度改革推进了刑事诉讼证明标准的统一化，因而应当从案件的侦查源头开始，就对侦查取证的有效性和合法性进行关注，以审判标准指引审前程序，确保侦查取证的质效和审查起诉的准确性。

3. P市公安局可以对此案实施控制下交付。《刑事诉讼法》第153条第2款规定："对涉及给付毒品等违禁品或者财物的犯罪活动，公安机关根据侦查犯罪的需要，可以依照规定实施控制下交付。"本案涉及贩卖和运输毒品罪，属于给付毒品的犯罪活动，可以由公安机关实施控制下交付。

P市公安局可以对此案运用大数据系统查询犯罪嫌疑人的行踪。《刑事诉讼法》第150条第1款规定："公安机关在立案后，对于危害国家安全犯罪、恐怖活动犯罪、黑社会性质的组织犯罪、重大毒品犯罪或者其他严重危害社会的犯罪案件，根据侦查犯罪的需要，经过严格的批准手续，可以采取技术侦查措施。"本案属于重大毒品犯罪，可以运用大数据系统查询犯罪嫌疑人的行踪这一技术侦查措施进行侦查。

▶ 案例2

某中学男教师郑某强奸该校女学生甲（14岁）被L市公安局立案侦查，同时，郑某还被举报曾指使该校学生乙（男，17岁）、丙（女，17岁）将安某停放校门口的一辆奔驰轿车左右侧车身及前引擎盖划伤，后又用砖头将该车的前挡风玻璃砸碎。L市公安局将此两案并案侦查。L市公安局报请L市检察院批准逮捕郑某后，将郑某带至某宾馆讯问，郑某提出，要求自己的律师在场，L市公安局遂通知郑某聘请的律师吴某到场。郑某承认自己强奸的犯罪事实，但是否认指使乙、丙毁坏安某的轿车。L市公安局为了查清强奸的事实，在勘验现场之后，对甲的身体进行检查，甲及其父母表示不同意，男侦查人员宋某和法医刘某强行将甲带至医院进行了检查，提取了其阴道内的分泌物，通过 DNA 鉴定与郑某的一致。在检查甲的身体时，另一名女侦查人员在场担任见证人。郑某表示对该鉴定意见有异议，郑某的辩护律师自行委托某大学医学鉴定中心进行鉴定，但鉴定意见认为所提供的检材已经受到污染，故无法进行鉴定。两名男侦查人员在对乙、丙进行讯问时，乙和丙如实供述了郑某指使他们毁坏安某汽车的事实，侦查人员未通知乙、丙的法定代理人到场，而是通知了乙、丙所在学校的所在班级的班主任到场。因为乙同时也是郑某强奸甲一案的目击证人，所以，侦查人员在讯问乙的同时也向乙了解了郑某强奸甲的犯罪过程。

🔍 **问题：**

本案的诉讼程序存在哪些违法之处？请说明理由。

✏️ **答案与解析** ▪️

1. L 市公安局报请 L 市检察院批准逮捕郑某后，将郑某带至某宾馆讯问，是错误的。依据《刑事诉讼法》第 118 条第 2 款的规定："犯罪嫌疑人被送交看守所羁押以后，侦查人员对其进行讯问，应当在看守所内进行。" L 市公安局应当在看守所讯问郑某。

2. 郑某要求自己的律师在场，L 市公安局遂通知郑某聘请的律师吴某到场，是错误的。因为侦查人员讯问犯罪嫌疑人时，辩护律师没有在场的权利。

3. 对被害人甲进行强制检查，是错误的。依据《刑事诉讼法》第 132 条第 1、2 款的规定："为了确定被害人、犯罪嫌疑人的某些特征、伤害情况或者生理状态，可以对人身进行检查，可以提取指纹信息，采集血液、尿液等生物样本。犯罪嫌疑人如果拒绝检查，侦查人员认为必要的时候，可以强制检查。"可见，对被害人不能强制检查。

4. 由男侦查人员进行检查，是错误的。因为甲是女性，应当由女工作人员或者医师进行检查。依据《刑事诉讼法》第 132 条第 3 款的规定，检查妇女的身体，应当由女工作人员或者医师进行。

5. 在检查甲时，由侦查人员在场担任见证人，是错误的。《高法解释》第 67 条第 1 款规定："下列人员不得担任刑事诉讼活动的见证人：（一）生理上、精神上有缺陷或者年幼，不具有相应辨别能力或者不能正确表达的人；（二）与案件有利害关系，可能影响案件公正处理的人；（三）行使勘验、检查、搜查、扣押等刑事诉讼职权的公安、司法机关的工作人员或者其聘用的人员。"本案中的侦查人员属于上述第（三）种人，不得担任见证人。

6. 郑某的辩护律师自行委托某大学医学鉴定中心进行鉴定，是错误的。在刑事诉讼中，鉴定人由公安司法机关指派或聘请后进行鉴定。辩护律师无权自行委托鉴定人进行鉴定。

7. 两名男侦查人员对丙进行讯问，是错误的。依据《刑事诉讼法》第 281 条第 3 款的规定："讯问女性未成年犯罪嫌疑人，应当有女工作人员在场。"本案中，丙系女性，只有 17 岁，系未成年人，讯问丙时，应当有女工作人员在场。

8. 侦查人员在对乙、丙进行讯问时，未通知乙、丙的法定代理人到场，而是通知了乙、丙所在学校所在班级的班主任到场，是错误的。《刑事诉讼法》第281条第1款规定："对于未成年人刑事案件，在讯问和审判的时候，应当通知未成年犯罪嫌疑人、被告人的法定代理人到场。无法通知、法定代理人不能到场或者法定代理人是共犯的，也可以通知未成年犯罪嫌疑人、被告人的其他成年亲属，所在学校、单位、居住地基层组织或者未成年人保护组织的代表到场，并将有关情况记录在案。到场的法定代理人可以代为行使未成年犯罪嫌疑人、被告人的诉讼权利。"由此可见，本案中，侦查人员在对乙、丙进行讯问时，应当先通知法定代理人到场，若法定代理人无法到场，才通知其他合适成年人到场。

9. 侦查人员在讯问乙的同时也向乙了解了郑某强奸甲的犯罪情况，是错误的。因为讯问犯罪嫌疑人和询问证人的程序不同，不能在讯问犯罪嫌疑人的同时询问证人。

# 专题十二　起诉

## 一、主观题考情分析

| 年份 | 考点 | 题型 |
|------|------|------|
| 2016 年 | 检察院补充起诉 | 逐步发问型案例分析 |
| 2007 年 | 检察院追加、补充起诉 | 找错型案例分析 |
| 2004 年 | 审查起诉阶段的补充侦查 | 逐步发问型案例分析 |
| 2002 年 | 起诉书 | 直接撰写型法律文书 |

起诉是衔接侦查和审判的程序，往往会结合侦查与审判程序加以考查，考生应注意起诉与侦查、审判的关系。对于本专题，考生应重点把握审查起诉的程序（尤其是监察机关的留置与检察院强制措施的衔接、认罪认罚案件的审查起诉等）、审查起诉阶段的补充侦查和补充调查、审查起诉后的处理方式（尤其是不起诉）、检察院撤回、追加、补充、变更起诉的程序等知识点。

## 二、模拟演练

### ▶ 案例 1

2013 年 3 月至 2017 年 4 月，刘某在担任 D 市 Z 县住房和城乡建设局规划办公室规划股股长、总规划师期间，利用负责楼盘项目开发地块意向性方案初审及规划条件通知书核发审批的职务便利，为他人提供帮助，收受房屋开发商杜某等人的财物。2018年8月19日，D市H区监察委员会以刘某涉嫌受贿罪采取留置措施，同年11月5日移送H区检察院审查起诉，H区检察院以刘某涉嫌受贿罪先行拘留并解除对刘某的留置措施，H区检察院对刘某执行拘留。同年11月21日，H区检察院以刘某涉嫌受贿罪批准逮捕，同日由H区公安局执行逮捕。H区检察院在审查起诉时，对刘某进行了讯问。刘某未委托辩护人，H区检察院告知刘某有权约见值班律师，刘某约见了值班律师宋某。宋某欲向H区检察院对案件处理提出意见，H区检察院未予准许。H区检察院审查后，认为该案事实不清，需要补充核实，将案件退回H区监察委员会补充侦查。半个月后，H区检察院认为该案刘某犯罪情节轻微，可不予处罚，决定不起诉。H区监察委员会对不起诉决定不服，向H区检察院提请复议。H区检察院复议后，H区监察委员会对复议意见书不服，提请D市检察院复核。D市检察院维持该不起诉决定。

### 问题：

本案诉讼程序存在哪些程序违法之处？请说明理由。

### 答案与解析

1. H区检察院解除对刘某的留置措施，是错误的。《刑事诉讼法》第170条第2款规定："对于监察机关移送起诉的已采取留置措施的案件，人民检察院应当对犯罪嫌疑人先行拘留，留置措施自动解除。"因此，H区检察院对刘某拘留的同时无须解除留置措施。

2. H区检察院对刘某执行拘留，是错误的。参照《刑事诉讼法》第165条的规定，人民检察院决定的拘留，由公安机关执行。

3. H区检察院对刘某批准逮捕，是错误的。因为，该案已经由H区监察委员会移送H区检察院，所以，H区检察院对自己正在办理的案件"决定"逮捕，而不是"批准"逮捕。

4. 宋某欲向H区检察院对案件处理提出意见，H区检察院未予准许，是错误的。《刑事诉讼法》第173条第1款规定："人民检察院审查案件，应当讯问犯罪嫌疑人，听取辩护人或者值班律师、被害人及其诉讼代理人的意见，并记录在案。辩护人或者值班律师、被害人及其诉讼代理人提出书面意见的，应当附卷。"因此，H区检察院应听取值班律师宋某的意见。

5. H区检察院审查后，认为该案事实不清，需要补充核实，将案件退回H区监察委员会补充侦查。H区检察院将案件退回H区监察委员会补充侦查，是错误的。《刑事诉讼法》第170条第1款规定："人民检察院对于监察机关移送起诉的案件，依照本法和监察法的有关规定进行审查。人民检察院经审查，认为需要补充核实的，应当退回监察机关补充调查，必要时可以自行补充侦查。"由此可见，H区检察院退回H区监察委员会补充调查，而不是补充侦查，因为监察委员会行使的是调查权，而不是侦查权。

6. H区检察院认为该案刘某犯罪情节轻微，可不予处罚，决定不起诉，是错误的。《监察法》第47条第4款规定："人民检察院对于有《中华人民共和国刑事诉讼法》规定的不起诉的情形的，经上一级人民检察院批准，依法作出不起诉的决定。"因此，H区检察院不能直接对刘某作不起诉决定，其必须报请上一级检察院批准，才能作出不起诉决定。

7. H 区监察委员会对不起诉决定不服，向 H 区检察院提请复议，H 区检察院复议后，H 区监察委员会对复议意见书不服，提请 D 市检察院复核，是错误的。《监察法》第 47 条第 4 款规定："监察机关认为不起诉的决定有错误的，可以向上一级人民检察院提请复议。"由此可见，H 区监察委员会的错误在于：第一，H 区监察委员会应向 D 市检察院提请复议，而不是向 H 区检察院提请复议。第二，H 区监察委员会只能提请复议，不能提请复核。

## ◙ 案例 2

2011 年 4 月 18 日 11 时许，刘某、唐某在 A 省 B 市 F 区因生意问题与胡某发生纠纷，刘某、唐某分别持斧头、砖头击打胡某头部及躯干致其四肢瘫痪，该案由 F 区公安局立案侦查。2011 年 5 月 12 日，刘某、唐某因涉嫌故意伤害罪被 F 区公安局移送 F 区检察院审查起诉。F 区检察院审查之后认为，刘某、唐某可能判处无期徒刑，遂将案件退回 F 区公安局。F 区公安局又将案件移送 B 市公安局，B 市公安局移送 B 市检察院审查起诉。B 市检察院通过阅卷、讯问刘某、唐某及二人的辩护人，认为该案的关键证据斧头缺失，于是退回 B 市公安局补充侦查。公安机关补充侦查后又移送 B 市检察院审查起诉，B 市检察院仍然认为事实不清、证据不足，于是再次退回公安机关补充侦查，在经过两次补充侦查后，B 市检察院认为刘某曾经诈骗生意伙伴周某，于是再次退回公安机关补充侦查。公安机关收集刘某诈骗的犯罪证据后再次移送 B 市检察院审查起诉。B 市检察院认为刘某的故意伤害、诈骗两罪事实不清、证据不足，不符合起诉条件，唐某的犯罪情节轻微，依据刑法的规定不需要判处刑罚，决定对二人不起诉，同时对二人作出罚款的决定，对胡某提起的附带民事诉讼进行调解，在调解未达成协议的情形下，告知胡某向法院提起附带民事诉讼。对该不起诉决定，公安机关向 A 省检察院提请复议，唐某和胡某向 A 省检察院提出申诉。A 省检察院经复查，认定 B 市检察院对刘某作不起诉决定不当，决定由该院重新审查起诉。B 市检察院在重新审查后，决定对刘某提起公诉，对刘某的不起诉决定视为自动撤销。B 市中级人民法院经审理判决被告人刘某犯故意伤害罪，判处其有期徒刑十年。

🐟 问题：

本案存在哪些程序违法之处？请说明理由。

✏️ 答案与解析

1. F 区检察院审查之后认为，刘某可能判处无期徒刑，遂将案件退回 F 区公安局，是错误的。《高检规则》第 362 条第 1、2 款规定："各级人民检察院提起公诉，应当与人民法院审判管辖相适应。公诉部门收到移送审查起诉的案件后，经审查认为不属于本院管辖的，应当在五日以内经由案件管理部门移送有管辖权的人民检察院。认为属于上级人民法院管辖的第一审案件的，应当报送上一级人民检察院，同时通知移送审查起诉的公安机关；认为属于同级其他人民法院管辖的第一审案件的，应当移送有管辖权的人民检察院或者报送共同的上级人民检察院指定管辖，同时通知移送审查起诉的公安机关。"本案中，刘某可能判处无期徒刑，应当由 B 市检察院审查起诉，F 区检察院应当报送 B 市检察院，同时通知移送审查起诉的 F 区公安局。

2. B 市检察院在审查起诉时，只采用阅卷、讯问刘某、唐某及二人的辩护人的方式，是错误的。《刑事诉讼法》第173 条第 1 款规定："人民检察院审查案件，应当讯问犯罪嫌疑人，听取辩护人或者值班律师、被害人及其诉讼代理人的意见，并记录在案。辩护人或者值班律师、被害人及其诉讼代理人提出书面意见的，应当附卷。"所以，本案中，B市检察院还应听取被害人胡某及其诉讼代理人的意见。

3. B 市检察院退回 B 市公安局补充侦查，是错误的。《高检规则》第 385 条规定："对于在审查起诉期间改变管辖的案件，改变后的人民检察院对于符合刑事诉讼法第一百七十一条（现第一百七十五条）第二款规定的案件，可以通过原受理案件的人民检察院退回原侦查的公安机关补充侦查，也可以自行侦查。改变管辖前后退回补充侦查的次数总共不得超过二次。"本案属于审查起诉时改变管辖的案件，故 B 市检察院若退回公安机关补充侦查，只能通过 F 区检察院退回原侦查的 F 区公安局补充侦查。

4. 在经过两次补充侦查后，B 市检察院认为刘某曾经诈骗生意伙伴周某，再次退回公安机关补充侦查，是错误的。《高检规则》第 384 条规定："人民检察院对已经退回侦查机关二次补充侦查的案件，在审查起诉中又发现新的犯罪事实的，应当移送侦查机关立案侦查；对已经查清的犯罪事实，应当依法提起公诉。"所以，B 市检察院应将刘某曾经诈骗生意伙伴周某这一案件，移送侦查机关立案侦查。

5. B市检察院对刘某和唐某作出罚款的决定，是错误的。《高检规则》第409条规定："人民检察院决定不起诉的案件，可以根据案件的不同情况，对被不起诉人予以训诫或者责令具结悔过、赔礼道歉、赔偿损失。对被不起诉人需要给予行政处罚、行政处分的，人民检察院应当提出检察意见，连同不起诉决定书一并移送有关主管机关处理，并要求有关主管机关及时通报处理情况。"本案中的罚款属于行政处罚，不得由检察院直接作出，B市检察院只能提出检察意见，移送有关主管机关处理。

6. B市检察院在调解未达成协议的情形下，告知胡某向法院提起附带民事诉讼，是错误的。因为，检察院已经作出不起诉决定，刑事案件已经终结，只能告知被害人胡某向法院提起民事诉讼。

7. 公安机关向A省检察院提请复议，是错误的。《刑事诉讼法》第179条规定："对于公安机关移送起诉的案件，人民检察院决定不起诉的，应当将不起诉决定书送达公安机关。公安机关认为不起诉的决定有错误的时候，可以要求复议，如果意见不被接受，可以向上一级人民检察院提请复核。"因此，公安机关对不起诉决定不服，可以向B市检察院提请复议，如果意见不被接受，可以向A省检察院提请复核。

8. 被不起诉人唐某向A省检察院提出申诉，是错误的。《高检规则》第421条第1款规定："被不起诉人对不起诉决定不服，在收到不起诉决定书后七日以内提出申诉的，应当由作出决定的人民检察院刑事申诉检察部门立案复查。被不起诉人在收到不起诉决定书七日后提出申诉的，由刑事申诉检察部门审查后决定是否立案复查。"由此可见，被不起诉人唐某对 B 市检察院作出的酌定不起诉决定不服，只能向 B 市检察院申诉，不得向 A 省检察院提出申诉。

9. A 省检察院经复查，认定 B 市检察院对刘某作不起诉决定不当，决定由该院重新审查起诉。B 市检察院在重新审查后，决定对刘某提起公诉，对刘某的不起诉决定视为自动撤销，是错误的。因为，依据《高检规则》第 416 条、第 419 条的规定，A 省检察院认为 B 市检察院不起诉决定不当，应当撤销该不起诉决定，作出起诉决定，交由 B 市检察院提起公诉。

# 专题十三　刑事审判概述

## 一、主观题考情分析

| 年份 | 考点 | 题型 |
|------|------|------|
| 2017 年 | 第一审和第二审裁判的生效 | 逐步发问型案例分析 |
| 2015 年 | 审判的原则（以审判为中心的诉讼制度的改革） | 论述 |
| 2014 年 | 审判公开原则 | 逐步发问型案例分析（含找错型案例分析） |

本专题集中了关于审判的理论以及审级制度、审判组织相关问题，若出现关于刑事审判的论述题，考生有必要结合刑事审判的特征、刑事审判模式、刑事审判的原则等进行作答。

## 二、主观题重要知识点必背

### （一）刑事审判的特征

| | |
|------|------|
| 审判程序启动的被动性 | 是指人民法院审判案件奉行"不告不理"原则，即没有起诉，就没有审判。而公安、检察机关行使追诉权则具有主动性，即当发现犯罪事实，需要追究刑事责任的时候，必须立案并进行侦查以及提起公诉。 |
| 独立性 | 是指人民法院依法独立行使审判权，不仅如此，法官也具有独立性，在评议时有权独立地、平等地发表意见。正如马克思所言，法官"除了法律没有别的上司"。 |

| 中立性 | 是指法院在审判中相对于控辩双方保持中立的诉讼地位。中立性有一些具体要求，如与案件有牵连的人不能担任该案件的法官，法官不得与案件的结果或纠纷各方有利益上或其他方面的关系，法官不应存有支持或反对某一方诉讼参与者的偏见，等等。 |
|---|---|
| 职权性 | 是指刑事案件一经起诉到法院，就产生**诉讼系属**的法律效力，法院就有义务、有权力进行审理并作出裁判。 |
| 程序性 | 是指审判活动应当严格遵循法定的程序，否则，可能导致审判活动无效并需要重新进行的法律后果。 |
| 亲历性 | 是指案件的裁判者**必须自始至终参与审理**，审查所有证据，对案件作出判决须以**充分听取控辩双方的意见**为前提。 |
| 公开性 | 除了为了保护特定的社会利益依法不公开审理的案件外，都应当公开审理，将审判活动置于公众和社会的监督之下。 |
| 公正性 | 公正是诉讼的终极目标，是诉讼的生命。审判应依照公正的程序进行，进而最大限度地实现实体上的公正。审判的公正性也源于裁判者的独立性与中立性。 |
| 终局性 | 是指法院的生效裁判对于案件的解决具有最终决定意义。判决一旦生效，诉讼的任何一方原则上不能要求法院再次审判该案件，其他任何机关也不得对该案重新处理，有关各方都有履行裁判或不妨害裁判执行的义务。这是由审判是现代法治国家解决社会纠纷和争端的最后一道机制的性质决定的。 |

## （二）刑事审判模式

| 职权主义审判模式 | 其基本特征：①法官居于中心地位；②控辩双方的积极性受到抑制；③法官掌握程序控制权。其优点是：有利于提高效率以及发现事实真相。其缺点是：程序的正义性略显不足。 |
|---|---|
| 当事人主义审判模式 | 其基本特征：①法官消极中立；②控辩双方积极主动和平等对抗；③控辩双方共同控制法庭审理的进程。其优点是：具有鲜明的诉讼民主和程序公正的特点。其缺点是：容易造成审判效率的降低，诉讼成本高昂。 |

## （三）直接言词原则

| | | |
|---|---|---|
| 直接原则 | **直接审理原则** | 是指法官在审理案件时，公诉人、当事人及其他诉讼参与人除法律有特殊规定外，**必须在场**，否则审判活动无效。 |
| | **直接采证原则** | 是指刑事程序中证据的调查与采取，应由法官亲自进行，只有以直接调查并经衡量、评判后采信的证据，才能作为判决依据。 |
| 言词原则 | | 是指法庭审理须以**口头陈述**的方式进行。包括控辩双方要口头进行陈述、举证和辩论，证人、鉴定人要口头作证或陈述，法官要以口头的形式进行询问调查。除非法律有特别规定，凡是未经口头调查之证据，不得作为定案的依据采纳。 |

## （四）集中审理原则

| | |
|---|---|
| 含义 | 集中审理原则，又称**不中断审理**原则，是指法院开庭审理案件，应在不更换审判人员的条件下连续进行，不得中断审理的诉讼原则。 |
| 内容 | ①一个案件组成一个审判庭进行审理，**每起案件自始至终亦应由同一法庭进行审判**，而且在案件审理已经开始尚未结束以前不允许法庭再审理任何其他案件。<br>②**法庭成员不可更换**。法庭成员（包括法官和陪审员）必须**始终在场**参加审理。对于法庭成员因故不能继续参加审理的，应由始终在场的**候补法官、候补陪审员**替换之。如果没有足够的法官、陪审员可以替换，则应**重新审理**。这也是直接原则的要求。因为参与裁判制作的法官、陪审员必须参与案件的全部审理活动，接触所有的证据，全面听取法庭辩论，否则无以对案件形成全面的认知并作出公正的裁判。<br>③**集中证据调查与法庭辩论**。证据调查必须在法庭成员与控辩双方以及有关诉讼参与人均在场的情况下进行，证据调查与辩论应在法庭内集中完成。<br>④**庭审不中断并迅速作出裁判**。法庭审理应不中断地进行，法庭因故延期审理较长时间的，应重新进行以前的庭审。庭审结束后，应迅速作出裁判并予以宣告。 |

# 专题十四　第一审程序

## 一、主观题考情分析

| 年份 | 考点 | 题型 |
|------|------|------|
| 2018 年 | 第一审的判决方式 | 逐步发问型案例分析 |
| 2016 年 | 庭前会议 | 逐步发问型案例分析 |
| 2015 年 | 以审判为中心的诉讼制度的改革 | 论述 |
| 2008 年延考 | 法庭调查 | 逐步发问型案例分析 |
| 2007 年 | 共同犯罪案件的第一审程序 | 找错型案例分析 |
| 2005 年 | 可写判决书 | 直接撰写型法律文书 |
| 2004 年 | 被告人最后陈述阶段提到<br>新事实的处理 | 逐步发问型案例分析 |

　　本专题多次考查案例分析题，宜出找错型案例分析题和一问一答式案例分析题。考生应以法庭审判为核心，兼及相关的知识点。对于本专题，考生应当着重掌握公诉案件庭前审查后的处理方式、庭前会议、法庭审判程序（尤其是认罪认罚案件的审理程序的特点）以及遇到特殊情形的处理方式（如延期审理、中止审理和终止审理）、对违反法庭秩序的处理、简易程序、速裁程序的适用范围和审理特点、定罪程序与量刑程序的关系、自诉案件审理程序的特点、单位犯罪案件的诉讼程序（尤其是诉讼代表人）、判决、裁定和决定的适用等问题。

## 二、模拟演练

### 案例1

张某,男,生于1980年9月15日。2005年8月因犯诈骗罪被判处有期徒刑一年零六个月,2006年9月22日刑满释放。2011年1月至3月间,张某在T市N区以为刘某的妻子找到某事业单位的工作为由,骗取刘某共计人民币32000元。2018年2月24日,张某主动到公安机关自首。2018年2月24日张某因涉嫌犯诈骗罪被T市N区公安局刑事拘留。张某在接受讯问时,对自己的犯罪事实供认不讳,表示接受司法机关给予的处罚。在侦查阶段,张某家属退赔刘某人民币35000元,取得刘某谅解。N区公安局提请N区检察院批捕,2018年3月3日批准逮捕。同年3月20日,N区公安局移送N区检察院审查起诉。鉴于张某认罪认罚,接受N区检察院的量刑建议及适用速裁程序的建议,N区检察院在阅卷后,让张某于N区看守所在检察官的见证下签署了认罪认罚具结书。N区检察院于4月19日向N区法院提起公诉,在起诉书中提出量刑建议,建议在有期徒刑一年至有期徒刑一年零三个月之间对张某判处刑罚。N区法院适用速裁程序审理,由法官韩某和陪审员杨某、辛某组成合议庭进行审理。检察院未派员出庭,张某在审判中委托的辩护人尤某出庭。在审理时,法庭未进行法庭调查和法庭辩论,在听取尤某的意见后,法庭宣布休庭。2018年5月6日,法庭对张某进行宣判。N区法院一审判决认为,公诉机关指控张某犯诈骗罪的事实清楚,证据确实、充分,指控罪名成立。张某具有以下量刑情节:其系累犯,应当从重处罚;系自首,且已退赔被害人经济损失取得谅解，自愿签署认罪认罚具结书，可以从轻处罚，判处张某犯诈骗罪，判处有期徒刑一年零四个月，并处罚金人民币一万元。张某以量刑过重为由，提出上诉，T市中级法院由审判员李某经过书面审理后，认为张某提出上诉就是不认罚，遂改判张某有期徒刑一年零六个月。

**问题：**

本案诉讼程序存在哪些程序违法之处？请说明理由。

**答案与解析**

1. N区检察院在阅卷后，即让张某签署认罪认罚具结书，是错误的。《刑事诉讼法》第173条第2款规定："犯罪嫌疑人认罪认罚的，人民检察院应当告知其享有的诉讼权利和认罪认罚的法律规定，听取犯罪嫌疑人、辩护人或者值班律师、被害人及其诉讼代理人对下列事项的意见，并记录在案：（一）涉嫌的犯罪事实、罪名及适用的法律规定；（二）从轻、减轻或者免除处罚等从宽处理的建议；（三）认罪认罚后案件审理适用的程序；（四）其他需要听取意见的事项。"本案中，张某认罪认罚，N区检察院应当听取张某、辩护人或者值班律师、刘某及其诉讼代理人的意见。

2. N区检察院让张某于N区看守所在检察官的见证下签署了认罪认罚具结书，是错误的。《刑事诉讼法》第174条第1款规定："犯罪嫌疑人自愿认罪，同意量刑建议和程序适用的，应当在辩护人或者值班律师在场的情况下签署认罪认罚具结书。"本案中，N区检察院应当在张某的辩护人或者值班律师在场的情况下让张某签署认罪认罚具结书。

3. N区检察院于4月19日向N区法院提起公诉，是错误的。《刑事诉讼法》第172条第1款规定："人民检察院对于监察机关、公安机关移送起诉的案件，应当在一个月以内作出决定，重大、复杂的案件，可以延长十五日；犯罪嫌疑人认罪认罚，符合速裁程序适用条件的，应当在十日以内作出决定，对可能判处的有期徒刑超过一年的，可以延长至十五日。"本案符合速裁程序适用条件，审查起诉期限最长15日，但N区公安局3月20日移送审查起诉，N区检察院4月19日提起公诉，该审查起诉期限超过了15日。

4. N区检察院在起诉书中提出量刑建议，是错误的。《关于规范量刑程序若干问题的意见（试行）》第3条第2款规定："人民检察院提出量刑建议，一般应当制作量刑建议书，与起诉书一并移送人民法院；根据案件的具体情况，人民检察院也可以在公诉意见书中提出量刑建议。"由此可见，N区检察院不得在起诉书中提出量刑建议。

5. N区法院适用速裁程序审理，由法官韩某和陪审员杨某、辛某组成合议庭进行审理，是错误的。依据《刑事诉讼法》第222条的规定，适用速裁程序，由审判员一人独任审判。因此，本案中，N区法院不得适用合议庭审理。

6. 检察院未派员出庭，是错误的。本案属于第一审的公诉案件，检察院应当派员出庭。

7. 在审理时，法庭在听取尤某的意见后，宣布休庭，是错误的。《刑事诉讼法》第224条第1款规定："适用速裁程序审理案件，不受本章第一节规定的送达期限的限制，一般不进行法庭调查、法庭辩论，但在判决宣告前应当听取辩护人的意见和被告人的最后陈述意见。"由此可见，N区法院适用速裁程序审理时，不仅应听取辩护人尤某的意见，还应听取被告人张某的最后陈述意见。

8. 2018年5月6日，法庭对张某进行宣判，该宣判属于定期宣判，是错误的。《刑事诉讼法》第224条第2款规定："适用速裁程序审理案件，应当当庭宣判。"本案适用速裁程序，不得适用定期宣判，而应当庭宣判。

9. N区法院判处张某有期徒刑一年零四个月，是错误的。《刑事诉讼法》第201条规定："对于认罪认罚案件，人民法院依法作出判决时，一般应当采纳人民检察院指控的罪名和量刑建议，但有下列情形的除外：（一）被告人的行为不构成犯罪或者不应当追究其刑事责任的；（二）被告人违背意愿认罪认罚的；（三）被告人否认指控的犯罪事实的；（四）起诉指控的罪名与审理认定的罪名不一致的；（五）其他可能影响公正审判的情形。人民法院经审理认为量刑建议明显不当，或者被告人、辩护人对量刑建议提出异议的，人民检察院可以调整量刑建议。人民检察院不调整量刑建议或者调整量刑建议后仍然明显不当的，人民法院应当依法作出判决。"本案中，被告人张某认罪认罚，且未出现上述法条中的例外情形，故法院需采纳检察院的量刑建议，即在有期徒刑一年至有期徒刑一年零三个月之间对张某判处刑罚，而不是判处张某有期徒刑一年零四个月。

10. T市中级法院由审判员李某经过书面审理，是错误的。《刑事诉讼法》第234条第1、2款规定："第二审人民法院对于下列案件，应当组成合议庭，开庭审理：（一）被告人、自诉人及其法定代理人对第一审认定的事实、证据提出异议，可能影响定罪量刑的上诉案件；（二）被告人被判处死刑的上诉案件；（三）人民检察院抗诉的案件；（四）其他应当开庭审理的案件。第二审人民法院决定不开庭审理的，应当讯问被告人，听取其他当事人、辩护人、诉讼代理人的意见。"本案不属于二审应当开庭审理的情形，但是T市中级法院不得书面审理，而应在阅卷之后，讯问被告人，听取其他当事人、辩护人、诉讼代理人的意见。此外，T市中级法院由审判员李某一人审理是错误的，应当组成合议庭审理。

11. T市中级法院认为，张某提出上诉就是不认罚，遂改判张某有期徒刑一年零六个月，是错误的。《刑事诉讼法》第237条规定："第二审人民法院审理被告人或者他的法定代理人、辩护人、近亲属上诉的案件，不得加重被告人的刑罚。第二审人民法院发回原审人民法院重新审判的案件，除有新的犯罪事实，人民检察院补充起诉的以外，原审人民法院也不得加重被告人的刑罚。人民检察院提出抗诉或者自诉人提出上诉的，不受前款规定的限制。"本案中，只有被告人张某上诉，没有检察院抗诉，故不得加重张某的刑罚，即将张某的一年零四个月改为有期徒刑一年零六个月。

## ▷ 案例2

甲和乙共谋杀害丙和丁，致丙死亡，丁身受重伤。K市检察院对甲和乙向K市中级法院提起公诉，丙的父亲和丁向法院提起附带民事诉讼。

K市中级法院在受理案件后，由人民陪审员三人和审判员二人组成合议庭，审判长鉴于该案影响重大、证据材料较多，于是召开庭前会议，法院传唤甲、乙及二人的辩护人、丙的父亲、丁参加庭前会议，在庭前会议中法院向甲核实了其审前供述的真实性，乙的辩护人申请该案的证人刘某出庭作证，法院认为没有必要当即予以驳回。同时，法院在庭前会议中还对附带民事诉讼进行了调解。

法院在审理过程中，甲突然潜逃，下落不明，K市中级法院遂宣布延期审理，同时，由该院院长决定在全市范围内通缉甲。甲后在家人陪同下到法院归案，K市中级法院决定逮捕甲，该逮捕决定经K市检察院批准，后由法院的司法警察将甲依法逮捕。

K市中级法院在审理该案过程中，在公诉人对甲、乙发问后，甲、乙二人的辩护人、丙的父亲、丁相继对甲、乙进行了发问。随后，数名证人和鉴定人旁听此案的审理之后，逐一出庭作证揭露了甲和乙的犯罪事实。在审理中，甲的辩护律师申请法院通知有专门知识的人戊出庭对丙的死因发表意见，戊欲对出庭的鉴定人发问，法院予以拒绝。在法庭调查中，法院对公诉人出示的勘验笔录有疑问，法院遂建议检察院补充侦查，检察院未进行补充侦查，但对该勘验笔录作出说明。在法庭调查阶段，甲还主动交代自己曾经盗窃邻居的路虎 Discovery 5，法院建议检察院撤回起诉，检察院在调查后补充了相关的犯罪事实。

在法庭辩论阶段，甲嫌法律援助机构指定的辩护律师王某辩护不力，拒绝王某为其辩护，要求自行辩护，K市中级法院予以准许。K市中级法院在审理时，甲提到了其邻居赵某曾持枪抢劫运钞车的线索，法院通知检察院移送，K市检察院在核实后提供了相关的证据。

K市中级法院在审理结束后，认为该案的某些关键事实未查清，K市检察院撤回起诉，并退回公安机关，建议公安机关撤销案件。

## 问题：

本案的诉讼程序存在哪些不合法之处？请说明理由。

## 答案与解析

1. 法院由人民陪审员三人和审判员二人组成合议庭，是错误的。《刑事诉讼法》第183条第1款规定："基层人民法院、中级人民法院审判第一审案件，应当由审判员三人或者由审判员和人民陪审员共三人或者七人组成合议庭进行，但是基层人民法院适用简易程序、速裁程序的案件可以由审判员一人独任审判。"由此可见，中级法院审判第一审案件，不得由人民陪审员三人和审判员二人共五人组成合议庭，只能由审判员三人或者由审判员和人民陪审员共三人或者七人组成合议庭进行审判。

2. 法院传唤甲、乙二人的辩护人，是错误的。因为，传唤只适用于当事人，对辩护人等其他诉讼参与人，法院应用通知书通知。

3. 在庭前会议中，法院向甲核实了其审前供述的真实性，是错误的。《刑事诉讼法》第187条第2款规定："在开庭以前，审判人员可以召集公诉人、当事人和辩护人、诉讼代理人，对回避、出庭证人名单、非法证据排除等与审判相关的问题，了解情况，听取意见。"由此可见，在庭前会议中，法院只能针对程序性事项了解情况、听取意见，不能调查核实证据的真实性。

4. 乙的辩护人申请该案的证人刘某出庭作证，法院认为没有必要当即予以驳回，是错误的。因为法院在庭前会议中不能对程序性问题作出最终的处理。依据上引《刑事诉讼法》第187条第2款的规定，在庭前会议中，法院只能针对程序性事项了解情况、听取意见，不能作出处理。

5. 法院在审理过程中，甲突然潜逃，下落不明，K市中级法院遂宣布延期审理，是错误的。《刑事诉讼法》第206条第1款规定："在审判过程中，有下列情形之一，致使案件在较长时间内无法继续审理的，可以中止审理：（一）被告人患有严重疾病，无法出庭的；（二）被告人脱逃的；（三）自诉人患有严重疾病，无法出庭，未委托诉讼代理人出庭的；（四）由于不能抗拒的原因。"由此可见，本案审理过程中，甲突然潜逃，下落不明，法院应当中止审理。

6. 法院院长决定在全市范围内通缉甲，是错误的。《刑事诉讼法》第155条规定："应当逮捕的犯罪嫌疑人如果在逃，公安机关可以发布通缉令，采取有效措施，追捕归案。各级公安机关在自己管辖的地区以内，可以直接发布通缉令；超出自己管辖的地区，应当报请有权决定的上级机关发布。"因此，本案中，法院只能通知公安机关协助抓获甲。

7. K市中级法院决定逮捕甲，该逮捕决定经K市检察院批准，后由法院的司法警察将甲依法逮捕，是错误的。法院决定的逮捕不需要再经 K 市检察院批准。《刑事诉讼法》第 80 条规定："逮捕犯罪嫌疑人、被告人，必须经过人民检察院批准或者人民法院决定，由公安机关执行。"本案中，法院决定的逮捕，直接交由公安机关执行，无须再经检察院批准。同时，此处，交由法院的司法警察执行逮捕也是错误的，应当交由 K 市公安局执行逮捕。

8. 在公诉人对甲、乙发问后，甲、乙二人的辩护人、丙的父亲、丁相继对甲、乙进行了发问。此处发问的顺序错误。依据《高法解释》第 198 条的规定："在审判长主持下，公诉人可以就起诉书指控的犯罪事实讯问被告人。经审判长准许，被害人及其法定代理人、诉讼代理人可以就公诉人讯问的犯罪事实补充发问；附带民事诉讼原告人及其法定代理人、诉讼代理人可以就附带民事部分的事实向被告人发问；被告人的法定代理人、辩护人，附带民事诉讼被告人及其法定代理人、诉讼代理人可以在控诉一方就某一问题讯问完毕后向被告人发问。"本案中，丙的父亲、丁应在甲、乙二人的辩护人之前对甲、乙进行发问。

9. 数名证人和鉴定人旁听此案的审理，是错误的。因为，《高法解释》第 216 条第 2 款规定："证人、鉴定人、有专门知识的人不得旁听对本案的审理。"

10. 甲的辩护律师申请法院通知有专门知识的人戊出庭对丙的死因发表意见，是错误的。《高法解释》第 217 条规定："公诉人、当事人及其辩护人、诉讼代理人申请法庭通知有专门知识的人出庭，就鉴定意见提出意见的，应当说明理由。法庭认为有必要的，应当通知有专门知识的人出庭。申请有专门知识的人出庭，不得超过二人。有多种类鉴定意见的，可以相应增加人数。有专门知识的人出庭，适用鉴定人出庭的有关规定。"由此可见，有专门知识的人戊只能针对鉴定意见发表意见，不能对丙的死因这一专门性事实问题发表意见。

11. 戊欲对出庭的鉴定人发问，法院予以拒绝，是错误的。《刑事诉讼法》第 197 条第 2、3、4 款规定："公诉人、当事人和辩护人、诉讼代理人可以申请法庭通知有专门知识的人出庭，就鉴定人作出的鉴定意见提出意见。法庭对于上述申请，应当作出是否同意的决定。第二款规定的有专门知识的人出庭，适用鉴定人的有关规定。"因此，有专门知识的人戊有权对出庭的鉴定人发问。

12. 法院对公诉人出示的勘验笔录有疑问，遂建议检察院补充侦查，是错误的。《高法解释》第 220 条第 1 款规定："法庭对证据有疑问的，可以告知公诉人、当事人及其法定代理人、辩护人、诉讼代理人补充证据或者作出说明；必要时，可以宣布休庭，对证据进行调查核实。"因此，法院对公诉人出示的勘验笔录有疑问，可以对证据进行调查核实，不能建议检察院补充侦查。

13. 在法庭调查阶段，甲还主动交代自己曾经盗窃邻居的路虎 Discovery 5，法院建议检察院撤回起诉，是错误的。依据《高法解释》第 243 条的规定："审判期间，人民法院发现新的事实，可能影响定罪的，可以建议人民检察院补充或者变更起诉；人民检察院不同意或者在七日内未回复意见的，人民法院应当就起诉指控的犯罪事实，依照本解释第二百四十一条的规定作出判决、裁定。"本案中，法院可以建议检察院补充起诉，而不能建议检察院撤回起诉。

14. 在法庭辩论阶段，甲嫌法律援助机构指定的辩护律师王某辩护不力，拒绝王某为其辩护，要求自行辩护，法院予以准许，是错误的。《高法解释》第45条规定："被告人拒绝法律援助机构指派的律师为其辩护，坚持自己行使辩护权的，人民法院应当准许。属于应当提供法律援助的情形，被告人拒绝指派的律师为其辩护的，人民法院应当查明原因。理由正当的，应当准许，但被告人须另行委托辩护人；被告人未另行委托辩护人的，人民法院应当在三日内书面通知法律援助机构另行指派律师为其提供辩护。"《刑事诉讼法》第35条第3款规定："犯罪嫌疑人、被告人可能被判处无期徒刑、死刑，没有委托辩护人的，人民法院、人民检察院和公安机关应当通知法律援助机构指派律师为其提供辩护。"由此可见，本案中的甲涉嫌故意杀人罪，可能判处无期徒刑、死刑，所以，甲属于应当法律援助辩护的对象，其必须有辩护人为其辩护，不能自行辩护。

15. K市中级法院在审理时，甲提到了其邻居赵某曾持枪抢劫运钞车的线索，法院通知检察院移送，K市检察院在核实后提供了相关的证据，是错误的。《高法解释》第226条规定："审判期间，合议庭发现被告人可能有自首、坦白、立功等法定量刑情节，而人民检察院移送的案卷中没有相关证据材料的，应当通知人民检察院移送。审判期间，被告人提出新的立功线索的，人民法院可以建议人民检察院补充侦查。"因此，本案中，K市中级法院在审理时甲提到了新的立功线索，K市中级法院可以建议K市检察院补充侦查。

16. K市中级法院在审理结束后，认为该案的某些关键事实未查清，K 市检察院撤回起诉，并退回公安机关，建议公安机关撤销案件，是错误的。《高检规则》第 459 条第 1、2 款规定："在人民法院宣告判决前，人民检察院发现具有下列情形之一的，可以撤回起诉：（一）不存在犯罪事实的；（二）犯罪事实并非被告人所为的；（三）情节显著轻微、危害不大，不认为是犯罪的；（四）证据不足或证据发生变化，不符合起诉条件的；（五）被告人因未达到刑事责任年龄，不负刑事责任的；（六）法律、司法解释发生变化导致不应当追究被告人刑事责任的；（七）其他不应当追究被告人刑事责任的。对于撤回起诉的案件，人民检察院应当在撤回起诉后三十日以内作出不起诉决定。需要重新侦查的，应当在作出不起诉决定后将案卷材料退回公安机关，建议公安机关重新侦查并书面说明理由。"本案中，K 市检察院撤回起诉，K 市中级法院进行审查，若允许撤回起诉的，K 市检察院应当不起诉，需要重新侦查的，应当在作出不起诉决定后将案卷材料退回公安机关，建议公安机关重新侦查并书面说明理由。

## 案例 3

段某（1996 年 12 月出生）于 2012 年 8 月与李某（1985 年 10 月出生）相识，建立恋爱关系后不到两个月，两人即在段某的工厂单身宿舍同居。同居后，两人常因琐事争吵。2012 年 11 月 14 日晚，李某与段某又发生争吵。段某欲外出躲避，被李某拉住不放。两人争吵时，住隔壁的赵某、韩某、王某三人前来劝架。段某因李某不松手，恼羞成怒，威胁李某再不松手，就将其衣服扯光。李某仍不松手，段某把李某身穿的睡衣及内衣裤全部扯掉，赵某见状扔给李某一件外衣。李某因穿衣而松手后，段某即走出宿舍。此后，两人继续同居，并仍常因生活琐事争吵。2013年5月27日，两人争吵时，段某打伤了李某。李某去医院诊治，县医院诊断为轻伤。李某为治疗而花费了2000余元医药费。李某因感到与段某不能再继续维持同居关系，于2013年6月13日向县法院提起民事诉讼，要求段某赔偿全部医药费。县法院受理后经审查认为，段某打伤李某及当众扯光妇女衣服的侮辱行为，已构成犯罪，因此决定将本案转刑事审判庭处理。刑事审判庭认为，本案系自诉案件，故在决定采用独任审判后，由审判员通知李某作为刑事诉讼自诉人，并将其民事起诉状作为刑事自诉状。同时告知段某有权聘请辩护律师。但是，段某表示不请律师。法院决定于2013年7月20日公开审理本案。开庭前一天，李某告知法院，她不愿控告段某犯罪，仍只想通过诉讼让段某赔偿医药费。因开庭日期已定，县法院刑事审判庭决定如期开庭。开庭审理时，只有段某一人到庭。法庭审理时，只是对段某进行了讯问。讯问后，由于事实清楚，段某亦全部承认，故未让段某作最后陈述，随即当庭作出判决，对其以故意伤害罪和侮辱罪分别判处有期徒刑一年和两年，合并执行有期徒刑两年零六个月，并告知段某享有上诉权及上诉期限，但对附带民事诉讼部分未作出处理，也未将判决书送达给李某。

**问题：**

请指出县法院在受理本案阶段、法庭审理过程中以及判决时存在哪些程序违法之处？为什么？

✏️ 答案与解析 ▪▪

县法院的下列做法存在程序违法：

1. 县法院未经审理就认为段某的行为"已构成犯罪"，违反了刑事诉讼法中"未经人民法院依法判决不得确定有罪"的原则，是错误的。因为《刑事诉讼法》第12条规定："未经人民法院依法判决，对任何人都不得确定有罪。"

2. 县法院"决定将本案转刑事审判庭处理"，是错误的。这是自己起诉自己审理，违反了刑事诉讼法关于法定职权的规定。

3. 县法院未经被害人告诉即作为刑事案件进行审理，是错误的。《刑事诉讼法》第210条规定："自诉案件包括下列案件：（一）告诉才处理的案件；（二）被害人有证据证明的轻微刑事案件；（三）被害人有证据证明对被告人侵犯自己人身、财产权利的行为应当依法追究刑事责任，而公安机关或者人民检察院不予追究被告人刑事责任的案件。"本案中的侮辱案是告诉才处理的案件，而轻伤害即故意伤害案也是属于自诉案件。县法院不得未经被害人告诉即作为刑事案件进行审理。

4. "将民事诉状作为刑事自诉书"是错误的。因为，法院不应干涉当事人自行决定范围内的诉讼请求。

5. 法院没有通知法律援助机构为段某指派律师担任辩护人，是错误的。《刑事诉讼法》第278条规定："未成年犯罪嫌疑人、被告人没有委托辩护人的，人民法院、人民检察院、公安机关应当通知法律援助机构指派律师为其提供辩护。"本案中，段某未满18岁，属于应当法律援助辩护的对象。

6. 县法院公开审理本案，是错误的。《刑事诉讼法》第188条第1款规定："人民法院审判第一审案件应当公开进行。但是有关国家秘密或者个人隐私的案件，不公开审理；涉及商业秘密的案件，当事人申请不公开审理的，可以不公开审理。"《高法解释》第467条规定："开庭审理时被告人不满十八周岁的案件，一律不公开审理。"因为，本案既涉及个人隐私，被告人段某又是未成年人，应当不公开审理。

7. 县法院直至7月20日才开庭审理案件，是错误的。《刑事诉讼法》第220条规定："适用简易程序审理案件，人民法院应当在受理后二十日以内审结；对可能判处的有期徒刑超过三年的，可以延长至一个半月。"本案中，既然法院已采用了简易程序，就应当在20日内审结，7月20日距离6月13日已过了二十日，超出了审理期限。

8. 县法院在"自诉人"李某明确表示放弃控告段某后仍然开庭，是错误的。依据《高法解释》第272条的规定："判决宣告前，自诉案件的当事人可以自行和解，自诉人可以撤回自诉。人民法院经审查，认为和解、撤回自诉确属自愿的，应当裁定准许；认为系被强迫、威吓等，并非出于自愿的，不予准许。"本案中，在自诉人明确表示放弃控告后，法院可以允许自诉人撤回自诉。

9. 在开庭时自诉人没有出庭而继续开庭，是错误的。《刑事诉讼法》第211条第2款规定："自诉人经两次依法传唤，无正当理由拒不到庭的，或者未经法庭许可中途退庭的，按撤诉处理。"本案中，在开庭时自诉人没有出庭，法院应当按撤诉处理。

10. 只有被告人段某一人到庭是错误的。由于段某是未成年人，根据《刑事诉讼法》第281条的规定："对于未成年人刑事案件，在讯问和审判的时候，应当通知未成年犯罪嫌疑人、被告人的法定代理人到场。"因此，在本案中，法院应当通知段某的法定代理人到场。

11. 开庭时只是对被告人进行了讯问是错误的，至少应当宣读起诉书，而且，开庭未让被告人进行最后陈述也是错误的，这是法定的诉讼权利，不能剥夺。因为，《刑事诉讼法》第219条规定："适用简易程序审理案件，不受本章第一节关于送达期限、讯问被告人、询问证人、鉴定人、出示证据、法庭辩论程序规定的限制。但在判决宣告前应当听取被告人的最后陈述意见。"

12. 法院未对附带民事诉讼部分一并处理，是错误的。《刑事诉讼法》第103条规定："人民法院审理附带民事诉讼案件，可以进行调解，或者根据物质损失情况作出判决、裁定。"本案中，法院应当将附带民事诉讼部分与刑事部分一并审理。

13. 县法院在作出判决后，没有将判决书送达李某，是错误的。因为，《刑事诉讼法》第202条第2款规定："当庭宣告判决的，应当在五日以内将判决书送达当事人和提起公诉的人民检察院；定期宣告判决的，应当在宣告后立即将判决书送达当事人和提起公诉的人民检察院。判决书应当同时送达辩护人、诉讼代理人。"本案中，李某是"自诉人"，属于本案的当事人，法院应当将判决书送达给李某。

## 案例4

2015 年 4 月 25 日 12 时许，张某为泄私愤，携带木制把手的大铁锤窜至某小区，将邻居席某停放在小区内的白色宾利汽车的四周车窗玻璃依次砸碎。经依法鉴定，被毁财物价值人民币 138856 元。案发后，张某的家属代为赔偿了席某车辆修理费 48000 元，席某对张某的行为表示谅解。2015 年 7 月 5 日，张某被检察院以寻衅滋事罪提起公诉，法院在征求张某同意后，适用简易程序审理，但检察院对适用简易程序提出了异议。法院由审判员沈某独任审理，在审理时，首先询问张某对指控的犯罪事实的意见，张某认为对自己构成犯罪不持异议，但自己不构成寻衅滋事罪。张某的辩护律师未出庭，提交的书面辩护意见是：张某不构成寻衅滋事罪，只构成故意毁坏财物罪，而且，席某已经谅解，建议法院适用"当事人和解的公诉案件诉讼程序"。在法庭调查中，公诉人未对张某发问，因为控辩双方对证据无异议，公诉人仅就证据的名称及所证明的事项作出说明。在法庭辩论阶段，审判员沈某让控辩双方直接围绕罪名确定和量刑问题进行辩论。辩论结束后，审判员沈某告知张某有权作最后陈述，张某表示放弃最后陈述权。之后，法庭宣布闭庭，择期宣判。该案在 2015 年 9 月 3 日公开宣判，张某犯故意毁坏财物罪，判处有期徒刑 3 年 3 个月。张某不服，提出上诉。第二审法院经过审理，裁定驳回上诉，维持原判。

#### 问题：

1. 此案能否适用简易程序进行审理？为什么？
2. 此案能否适用"当事人和解的公诉案件诉讼程序"？

为什么？

    3. 此案中法院能否改变检察院指控的罪名？为什么？

    4. 本案存在哪些程序违法之处？为什么？

✎ **答案与解析**

    1. 此案可以适用简易程序。《刑事诉讼法》第214条规定："基层人民法院管辖的案件，符合下列条件的，可以适用简易程序审判：（一）案件事实清楚、证据充分的；（二）被告人承认自己所犯罪行，对指控的犯罪事实没有异议的；（三）被告人对适用简易程序没有异议的。人民检察院在提起公诉的时候，可以建议人民法院适用简易程序。"本案中，法院在征求张某同意后，可以适用简易程序审理。检察院对适用简易程序提出了异议，不影响法院适用简易程序审理该案。张某对自己构成犯罪不持异议，但认为自己不构成寻衅滋事罪，也就是说，张某认罪但对罪名有异议，也不影响该案适用简易程序。

    2. 此案不能适用当事人和解的公诉案件诉讼程序。《刑事诉讼法》第288条第1款规定："下列公诉案件，犯罪嫌疑人、被告人真诚悔罪，通过向被害人赔偿损失、赔礼道歉等方式获得被害人谅解，被害人自愿和解的，双方当事人可以和解：（一）因民间纠纷引起，涉嫌刑法分则第四章、第五章规定的犯罪案件，可能判处三年有期徒刑以下刑罚的；（二）除渎职犯罪以外的可能判处七年有期徒刑以下刑罚的过失犯罪案件。"虽然在本案中检察院起诉寻衅滋事罪，法院最后认定的是故意毁坏财物罪，对于前者不得适用刑事和解程序，对于后者则可以适用刑事和解程序。但是，被告人张某被判处有期徒刑3年3个月，属于3年有期徒刑以上刑罚。

3. 法院可以改变检察院指控的罪名。本案中，检察院指控的事实与法院判决的事实基础是一致的，只是检察院指控的罪名错误，法院可以直接改变检察院指控的罪名，将寻衅滋事罪变更为故意毁坏财物罪。

4. （1）由审判员沈某一人独任审判，是错误的。依据《刑事诉讼法》第216条第1款的规定："适用简易程序审理案件，对可能判处三年有期徒刑以下刑罚的，可以组成合议庭进行审判，也可以由审判员一人独任审判；对可能判处的有期徒刑超过三年的，应当组成合议庭进行审判。"本案中，张某最后被判处有期徒刑三年三个月，因此，法院应当组成合议庭进行审理。

（2）法院的审理期限超过了一个半月，是错误的。《刑事诉讼法》第220条规定："适用简易程序审理案件，人民法院应当在受理后二十日以内审结；对可能判处的有期徒刑超过三年的，可以延长至一个半月。"由此可见，被告人张某被判处3年3个月有期徒刑，属于有期徒刑超过3年的案件，审理期限最长一个半月。但是，7月5日张某被提起公诉，9月3日才宣判，法院的审理超过了法定的审理期限。

（3）第二审法院经过审理，裁定驳回上诉，维持原判，是错误的。《刑事诉讼法》第238条规定："第二审人民法院发现第一审人民法院的审理有下列违反法律规定的诉讼程序的情形之一的，应当裁定撤销原判，发回原审人民法院重新审判：（一）违反本法有关公开审判的规定的；（二）违反回避制度的；（三）剥夺或者限制了当事人的法定诉讼权利，可能影响公正审判的；（四）审判组织的组成不合法的；（五）其他违反法律规定的诉讼程序，可能影响公正审判的。"本案中，第一审程序中存在上述第（四）项中的审判组织不合法，第二审法院应当裁定撤销原判，发回原审人民法院重新审判。

# 专题十五　第二审程序

## 一、主观题考情分析

| 年份 | 考点 | 题型 |
|------|------|------|
| 2017 年 | 二审裁判的生效 | 逐步发问型案例分析 |
| 2016 年 | 上诉不加刑、二审的处理方式 | 逐步发问型案例分析 |
| 2009 年 | 第二审的审理程序、附带民事诉讼二审程序 | 逐步发问型案例分析 |
| 2008 年延考 | 二审发回重审的审判组织 | 逐步发问型案例分析 |
| 2007 年 | 共同犯罪案件的二审程序 | 找错型案例分析 |
| 2004 年 | 上诉及其撤回、申请抗诉权 | 逐步发问型案例分析 |
| 2002 年 | 二审抗诉的提出；二审的审理和处理方式；对查封、扣押、冻结财物的处理 | 找错型案例分析 |

　　第二审程序在历年的考试中多次考查案例分析题，考生应着重注意上诉和抗诉的区别、全面审查原则、上诉不加刑原则的理解与运用、二审的审理程序（尤其是二审的审理方式、共同犯罪案件的二审）、附带民事诉讼的二审、二审的处理方式、第二审裁判的生效等问题。考生还应注意第二审程序与第一审程序、审判监督程序在启动方式、审理程序、处理方式等方面的区别。

## 二、模拟演练

### 案例1

T市L区检察院起诉白某、黄某共同收受宋某的贿赂款1000万元，L区法院经过一审，判处白某犯受贿罪，有期徒刑10年，判处黄某犯受贿罪，有期徒刑9年。白某、黄某均不服，提出上诉。T市中级法院经过不开庭审理，认为原判决事实不清、证据不足，裁定撤销原判，发回L区法院重新审判。L区法院由原合议庭重审时，L区检察院发现白某还收受董某的贿赂款200万元，于是对白某补充起诉，L区法院经过重新审理，确认了白某收受董某200万元贿赂款的事实，同时还发现原审认定黄某自首的事实不能成立，于是改判白某12年有期徒刑，黄某10年有期徒刑。白某和黄某又不服提出上诉，T市中级法院在第二审审理过程中，白某申请撤回上诉，T市中级法院认为，白某检举揭发他人犯罪成立，属于有新的事实，故不予准许撤诉。T市中级法院经过不开庭审理，裁定撤销原判，发回L区法院重新审判。L区法院经过重审，改判白某有期徒刑10年，黄某有期徒刑9年，并宣布改判后的判决为终审判决，白某、黄某不得上诉。

### 问题：

1. T市中级法院两次不开庭审理，是否正确？为什么？

2. L区法院经过重审，改判白某12年有期徒刑，黄某10年有期徒刑，这一处理是否正确？

3. 白某申请撤回上诉，T市中级法院认为，白某检举揭发他人犯罪成立，属于有新的事实，不予准许撤诉，这一处理是否正确？

4. L区法院重审后宣布改判后的判决为终审判决，白某、黄某不得上诉，是否正确？为什么？

## ✎ 答案与解析

1. T市中级法院两次不开庭审理，是正确的。《高法解释》第318条规定："对上诉、抗诉案件，第二审人民法院经审查，认为原判事实不清、证据不足，或者具有刑事诉讼法第二百二十七条规定的违反法定诉讼程序情形，需要发回重新审判的，可以不开庭审理。"本案中，T市中级法院两次均撤销原判，发回L区法院重新审理，可以不开庭审理。

2. L区法院经过重审，改判白某12年有期徒刑，是正确的；改判黄某10年有期徒刑，是错误的。《刑事诉讼法》第237条第1款规定："第二审人民法院审理被告人或者他的法定代理人、辩护人、近亲属上诉的案件，不得加重被告人的刑罚。第二审人民法院发回原审人民法院重新审判的案件，除有新的犯罪事实，人民检察院补充起诉的以外，原审人民法院也不得加重被告人的刑罚。"本案中，L区法院由原合议庭重审时，L区检察院发现白某还收受董某的贿赂款200万元，于是对白某补充起诉，L区法院经过重新审理，确认了白某收受董某200万元贿赂款的事实，将白某10年有期徒刑改为12年有期徒刑，即加重白某的刑罚，是正确的。但是，对黄某没有发现新的犯罪事实，不能把黄某的刑罚从9年有期徒刑加重为10年有期徒刑。

3. T市中级法院不予准许撤诉，是正确的。《高法解释》第305条第1款规定："上诉人在上诉期满后要求撤回上诉的，第二审人民法院应当审查。经审查，认为原判认定事实和适用法律正确，量刑适当的，应当裁定准许撤回上诉；

认为原判事实不清、证据不足或者将无罪判为有罪、轻罪重判等的，应当不予准许，继续按照上诉案件审理。"本案中，白某申请撤回上诉，T市中级法院认为，白某检举揭发他人犯罪成立，属于有新的事实，可能有立功表现，影响其量刑，T市中级法院应当不予准许，继续按照上诉案件审理。

4. L区法院重审后宣布改判后的判决为终审判决，白某、黄某不得上诉，是不正确的。因为，《刑事诉讼法》第239条规定："原审人民法院对于发回重新审判的案件，应当另行组成合议庭，依照第一审程序进行审判。对于重新审判后的判决，依照本法第二百二十七条、第二百二十八条、第二百二十九条的规定可以上诉、抗诉。"本案中，L区法院按照第一审程序重新审理，所作的判决仍为一审判决，可以上诉、抗诉。

## ◯ 案例2

Z市R县检察院以被告人孙某犯抢劫罪、盗窃罪，被告人吴某、王某、郑某等犯抢劫罪，向R县法院提起公诉。R县法院经过审理，根据各被告人犯罪的事实、性质、情节和对社会的危害程度，判处被告人孙某犯抢劫罪，判处有期徒刑12年；犯盗窃罪，判处有期徒刑1年；决定执行有期徒刑12年6个月。被告人吴某犯抢劫罪，判处有期徒刑6年。被告人王某犯抢劫罪，判处有期徒刑6年。被告人郑某犯抢劫罪，判处有期徒刑6年。

第一审宣判后，R县检察院认为一审判决对孙某量刑畸重，因为孙某有自首的情节，应对其从轻处罚；认为吴某系累犯，一审判决对其量刑畸轻，R县检察院直接向Z市中级法院提交抗诉书，提起抗诉。孙某、吴某、王某均提出上诉，郑某未上诉。Z市中级法院鉴于该案事实清楚、证据充分，在二审开庭审理前未通知Z市检察院阅卷，也未传唤郑某到庭，Z市检察院未派员出庭，向Z市中级法院提交了书面的抗诉意见，该意见称：Z市检察院支持R县检察院提出的关于孙某量刑畸重、吴某量刑畸轻的抗诉意见，同时提出王某参与四次抢劫，虽有二次抢劫因系犯罪预备不计入抢劫次数，也应作为犯罪情节酌情予以考虑，第一审仅判处王某有期徒刑6年，量刑畸轻。

🔖 问题：

1. 在抗诉期限届满后，Z市检察院在支持抗诉时增加王某作为抗诉对象，Z市中级法院应如何处理？

2. R县检察院提出关于孙某量刑畸重的意见，Z市中级法院能否加重孙某的刑罚？

3. R县检察院能否直接向Z市中级法院提交抗诉书？为什么？

4. 若R县法院2015年7月24日分别向被告人孙某、吴某、王某、郑某和R县检察院送达了判决书。孙某、吴某、王某均提出上诉。同年8月1日，检察院电话通知法院对孙某、吴某提出抗诉。同年8月7日，R县检察对孙某、吴某签发抗诉书。次日，法院收到落款日期为2015年8月2日的抗诉书。R县检察院提出的书面抗诉是否有效？

5. Z市中级法院鉴于该案事实清楚、证据充分，在二审开庭审理前未通知Z市检察院阅卷，也未传唤郑某到庭，Z市检察院未派员出庭，向Z市中级法院提交了书面的抗诉意见。上述程序是否违法？为什么？

1. 《刑事诉讼法》第 232 条规定："地方各级人民检察院对同级人民法院第一审判决、裁定的抗诉，应当通过原审人民法院提出抗诉书，并且将抗诉书抄送上一级人民检察院。原审人民法院应当将抗诉书连同案卷、证据移送上一级人民法院，并且将抗诉书副本送交当事人。上级人民检察院如果认为抗诉不当，可以向同级人民法院撤回抗诉，并且通知下级人民检察院。"《高检规则》第 589 条规定："上一级人民检察院对下级人民检察院按照第二审程序提出抗诉的案件，认为抗诉正确的，应当支持抗诉；认为抗诉不当的，应当向同级人民法院撤回抗诉，并且通知下级人民检察院。下级人民检察院如果认为上一级人民检察院撤回抗诉不当的，可以提请复议。上一级人民检察院应当复议，并将复议结果通知下级人民检察院。上一级人民检察院在上诉、抗诉期限内，发现下级人民检察院应当提出抗诉而没有提出抗诉的案件，可以指令下级人民检察院依法提出抗诉。"由此可见，在抗诉及相关程序中，是否启动抗诉和抗诉的具体内容由原审人民法院的同级人民检察院决定，上一级人民检察院是以支持、撤回或者指令抗诉的方式对下级检察院抗诉工作进行监督、指导，并不直接纠正不正确的抗诉，或者对下级人民检察院应当提出抗诉而没有提出抗诉的案件直接提起抗诉。抗诉期限届满后，上一级人民检察院在支持抗诉时增加抗诉对象，对被告人的权利造成实质损害。被告人"上诉不加刑"的权利得不到保障。追加抗诉会使部分被告人的辩护权遭受控诉突袭。控辩双方之间的平等无法实现。抗诉期限届满后，上一级人民检察院在支持抗诉时增加抗诉对象，违反了抗诉期限的法律规定。所以，Z市中级法院对Z市检察院增加的对王某的抗诉意见，应当不予支持。

2.《刑事诉讼法》第233条第1款规定："第二审人民法院应当就第一审判决认定的事实和适用法律进行全面审查，不受上诉或者抗诉范围的限制。"本案中，Z市中级法院在第二审时应当全面审查，不受抗诉请求的限制，依据事实、证据、法律作出裁判，如果认为原裁判量刑过轻，可以加重孙某的刑罚。

3. R县检察院不能直接向Z市中级法院提交抗诉书。《高法解释》第306条规定："地方各级人民检察院对同级人民法院第一审判决、裁定的抗诉，应当通过第一审人民法院提交抗诉书。第一审人民法院应当在抗诉期满后三日内将抗诉书连同案卷、证据移送上一级人民法院，并将抗诉书副本送交当事人。"由此可见，R县检察院必须向R县法院提交抗诉书，提起二审程序。

4. R县检察院提出书面抗诉是无效的。按照《刑事诉讼法》第232条的规定："地方各级人民检察院对同级人民法院第一审判决、裁定的抗诉，应当通过原审人民法院提出抗诉书，并且将抗诉书抄送上一级人民检察院。"由此可见，抗诉应当以书面的方式提出，R县检察院只是在法定期限内口头抗诉，R县检察院的书面抗诉已经过了法定期限。

5.（1）Z市中级法院在第二审开庭审理前未通知Z市检察院阅卷，是错误的。依据《刑事诉讼法》第235条的规定："第二审人民法院应当在决定开庭审理后及时通知人民检察院查阅案卷。"

（2）Z市检察院未派员出庭，向Z市中级法院提交了书面的抗诉意见，是错误的。依据《刑事诉讼法》第235条的规定："人民检察院提出抗诉的案件或者第二审人民法院开庭审理的公诉案件，同级人民检察院都应当派员出席法庭。"

需要注意的是，Z市中级法院未传唤郑某到庭，不违法。因为，《高法解释》第323条规定："开庭审理上诉、抗诉案件，可以重点围绕对第一审判决、裁定有争议的问题或者有疑问的部分进行。根据案件情况，可以按照下列方式审理：……（三）对同案审理案件中未上诉的被告人，未被申请出庭或者人民法院认为没有必要到庭的，可以不再传唤到庭……"。本案中，孙某、吴某、王某均提出上诉，郑某未上诉。Z市中级法院可以不再传唤郑某到庭。

# 专题十六　死刑复核程序

## 一、主观题考情分析

| 年份 | 考点 | 题型 |
|------|------|------|
| 2009 年 | 死刑立即执行案件复核程序和死缓复核程序 | 逐步发问型案例分析 |

对于本专题，考生应主要把握死刑立即执行案件的报请程序、复核程序、复核后的处理等方面。对于死刑缓期二年执行案件复核后的处理方式，应注意与死刑立即执行案件复核后的处理方式的异同。考生还应将本专题与其他专题（如管辖、辩护、侦查、第二审程序等）中对死刑案件的特殊规定结合掌握。

## 二、模拟演练

### ▷ 案例

张某、李某和王某共同实施抢劫、绑架、杀人一案，经 A 省 B 市中级法院一审，判处张某故意杀人罪死刑，绑架罪死刑，抢劫罪无期徒刑，合并执行死刑立即执行；李某故意杀人罪死刑，绑架罪无期徒刑，抢劫罪 15 年有期徒刑，合并执行死刑立即执行；王某故意杀人罪死刑缓期 2 年执行，绑架罪 15 年有期徒刑，抢劫罪 10 年有期徒刑，合并执行死刑缓期 2 年执行。张某、李某和王某均未提出上诉，检察院未抗诉。B 市中级法院对此案逐级报请最高人民法院核准。

最高人民法院由 5 名审判员组成合议庭复核此案时，通过阅卷发现此案的事实存在重大疑点，在通过远程视频方式讯问被告人时进行了核实，通过实地走访案发现场，与公安机关、有关司法鉴定机构进行座谈等方式调查、核实证据，并要求第一审法院会同有关部门进行了补查工作。辩护律师要求向最高人民法院当面反映意见，最高人民法院让辩护律师提交书面辩护意见。最高人民检察院对此案也提出了监督意见，最高人民法院复核终结后，将最高人民法院裁判文书送达最高人民检察院，并委托相关法院送达给辩护律师，但未送给被害人。

### ✎ 问题：

1. B 市中级法院报请 A 省高级法院复核，A 省高级法院复核后认为，李某的死刑可以改判为死缓并限制减刑，A 省高级法院如何处理？

2. B 市中级法院对此案逐级报请最高人民法院核准，最高人民法院在复核后认为，张某的死刑判决事实不清，李某的死刑判决事实正确，但依法可不立即执行，最高人民法院如何处理？

3. B 市中级法院对此案逐级报请最高人民法院核准，最高人民法院在复核后认为，李某的死刑可以改判为无期徒刑，最高人民法院如何处理？

4. B 市中级法院对此案逐级报请最高人民法院核准，最高人民法院在复核期间，张某揭发邻居周某曾贩卖毒品，影响其死刑判决的，最高人民法院如何处理？

5. B 市中级法院对此案逐级报请最高人民法院核准，最高人民法院在复核后认为，张某和李某的死刑判决正确，王某的死缓判决认定事实正确，但可以改判为无期徒刑，最高人民法院如何处理？

6. B市中级法院一审判决后，若张某提出上诉，A省高级法院维持原判，之后逐级报请最高人民法院核准，最高人民法院在复核后，若认为张某和李某的量刑均过重，发回A省高级法院重审，A省高级法院能否再发回B市中级法院重审？A省高级法院在重审时是否应当重新组成合议庭开庭审理？

7. 最高人民法院复核此案时存在哪些不合法之处？为什么？

8. A省高级法院复核后认为，王某的死缓可以改判为无期徒刑，A省高级法院如何处理？

9. B市中级法院对王某报请A省高级法院复核，A省高级法院指派审判员秦某复核此案，秦某通过书面审查的方式，查阅了相关案卷材料和证据，发现王某还实施绑架犯罪未被追诉，遂决定提审该案。A省高级法院最后以提审的方式改判王某死刑立即执行。该复核过程中存在哪些程序违法？

✐ 答案与解析 ░

1. A省高级法院可以提审或者发回B市中级法院重新审判。因为，《最高人民法院关于死刑缓期执行限制减刑案件审理程序若干问题的规定》第5条第2款规定："高级人民法院复核判处死刑后没有上诉、抗诉的案件，认为应当改判死刑缓期执行并限制减刑的，可以提审或者发回重新审判。"

2. 最高人民法院应当对全案裁定不予核准，并撤销原判，发回重新审判。因为，《高法解释》第 352 条规定："对有两名以上被告人被判处死刑的案件，最高人民法院复核后，认为其中部分被告人的死刑判决、裁定事实不清、证据不足的，应当对全案裁定不予核准，并撤销原判，发回重新审判。"

3. 最高人民法院可以对李某改判，并对张某作出核准死刑的判决。《高法解释》第 352 条规定："对有两名以上被告人被判处死刑的案件，最高人民法院复核后，认为其中部分被告人的死刑判决、裁定认定事实正确，但依法不应当判处死刑的，可以改判，并对其他应判处死刑的被告人作出核准死刑的判决。"本案中，张某和李某均被判处死刑，李某的死刑可改判为无期徒刑，属于"事实正确，但依法不应当判处死刑的"情形，故可以对李某改判，对张某作出核准死刑的判决。

4. 最高人民法院应当裁定不予核准，并撤销原判，发回重新审判。《高法解释》第 350 条规定："最高人民法院复核死刑案件，应当按照下列情形分别处理：……（四）复核期间出现新的影响定罪量刑的事实、证据的，应当裁定不予核准，并撤销原判，发回重新审判……"。本案中，最高人民法院在复核期间，张某揭发邻居周某曾贩卖毒品，影响其死刑判决，属于"复核期间出现新的影响定罪量刑的事实、证据的"情形，故应当裁定不予核准，并撤销原判，发回重新审判。

5. 最高人民法院对张某和李某予以核准，对王某的死缓判决按照审判监督程序予以纠正。因为，王某的死缓判决在高级人民法院核准之后生效，最高人民法院复核该案时，王某的死缓裁判已经生效，对于生效的裁判，应当按照审判监督程序予以纠正，同时对张某和李某的死刑判决予以核准。

6.（1）《最高人民法院关于适用刑事诉讼法第二百二十五条第二款有关问题的批复》规定："对于最高人民法院依据《刑事诉讼法》第二百三十九条（现第二百五十条）和《高法解释》第三百五十三条裁定不予核准死刑，发回第二审法院重新审判的案件，无论此前第二审法院是否曾以原判决事实不清楚或者证据不足为由发回重新审判，原则上不得再发回第一审法院重新审判；有特殊情况确需发回第一审法院重新审判的，需报请最高人民法院批准。"本案中，A省高级法院是第二审法院，B市中级法院是第一审法院，所以，A省高级法院原则上不得再发回B市中级法院重新审判；有特殊情况确需发回B市中级法院重新审判的，需报请最高人民法院批准。

（2）A省高级法院在重审时不是应当重新组成合议庭审理。《高法解释》第355条规定："最高人民法院裁定不予核准死刑，发回重新审判的案件，原审人民法院应当另行组成合议庭审理，但本解释第三百五十条第四项、第五项规定的案件除外。"《高法解释》第350条规定："最高人民法院复核死刑案件，应当按照下列情形分别处理：……（四）复核期间出现新的影响定罪量刑的事实、证据的，应当裁定不予核准，并撤销原判，发回重新审判；（五）原判认定事实正确，但依法不应当判处死刑的，应当裁定不予核准，并撤销原判，发回重新审判……"。本案中，最高人民法院以张某和李某的量刑均过重为由，发回A省高级法院重审，属于上述第（五）项规定的情形，所以，A省高级法院在重审时不是应当重新组成合议庭审理。

（3）A省高级法院在重审时可以直接改判，不是应当开庭审理。《高法解释》第353条规定："最高人民法院裁定不予核准死刑的，根据案件情况，可以发回第二审人民法院或者第一审人民法院重新审判。第一审人民法院重新审判的，应当开庭审理。第二审人民法院重新审判的，可以直接改判；必须通过开庭查清事实、核实证据或者纠正原审程序违法的，应当开庭审理。"本案中，最高人民法院以张某和李某的量刑均过重为由发回A省高级法院重审，而且，A省高级法院是第二审法院，所以，A省高级法院在重新审判时可以直接改判，不是应当开庭审理。

7. 最高人民法院复核此案时存在以下不合法之处：

（1）最高人民法院由五名审判员组成合议庭，是错误的。因为，依据《刑事诉讼法》第249条的规定，最高人民法院复核死刑案件，应当由审判员三人组成合议庭进行。

（2）辩护律师要求向最高人民法院当面反映意见，最高人民法院让辩护律师提交书面辩护意见，是错误的。因为，《最高人民法院关于办理死刑复核案件听取辩护律师意见的办法》第5条规定："辩护律师要求当面反映意见的，案件承办法官应当及时安排。一般由案件承办法官与书记员当面听取辩护律师意见，也可以由合议庭其他成员或者全体成员与书记员当面听取。"所以，辩护律师要求向最高人民法院当面反映意见，最高人民法院应当当面听取辩护律师的意见。

8. A省高级法院应当改判。《高法解释》第349条第1

款规定："高级人民法院复核死刑缓期执行案件，应当按照下列情形分别处理：……（三）原判认定事实正确，但适用法律有错误，或者量刑过重的，应当改判……"。本案中，A省高级法院复核后认为，王某的死缓可以改判为无期徒刑，属于量刑过重，故A省高级法院应当改判。

9.（1）A省高级人民法院指派审判员秦某单独复核此案是错误的。因为，《刑事诉讼法》第249条规定："高级人民法院复核死刑缓期执行的案件，应当由审判员三人组成合议庭进行。"

（2）在复核过程中，审判员秦某采用书面审理的做法，是错误的。《高法解释》第345条第2款规定："高级人民法院复核死刑缓期执行案件，应当讯问被告人。"也就是说，提审被告人是高级人民法院复核死缓案件时必经的程序。

（3）A省高级法院最后以提审的方式改判黄某死刑立即执行，是错误的。依据《高法解释》第349条第2款的规定："高级人民法院复核死刑缓期执行案件，不得加重被告人的刑罚。"本案中，A省高级法院将黄某的死缓改判为死刑立即执行，就是加重黄某的刑罚。

# 专题十七　审判监督程序

## 一、主观题考情分析

| 年份 | 考点 | 题型 |
|---|---|---|
| 2017 年 | 当事人向检察院申诉的程序、审判监督程序的提起主体和权限、再审审理后的处理方式 | 逐步发问型案例分析 |

当前一些冤假错案都是通过审判监督程序加以纠正的，考生宜结合典型冤案的纠错程序理解此种程序。在复习时，考生应主要注意申诉与申诉的审查处理、审判监督程序的提起程序、再审的审理和处理方式，此种程序往往会结合第一审程序、第二审程序加以考查，要注意审判监督程序与第一审程序、第二审程序之间的联系与区别，再审抗诉与二审抗诉的区别。

## 二、模拟演练

### ○ 案例1

2013 年 6 月 21 日，G 省 S 市某基金公司经理马某涉嫌利用未公开信息从事相关的证券交易活动，由中国证监会立案稽查，交 G 省 S 市证监局办理。2013 年 7 月 17 日，马某到 G 省 S 市公安局投案自首。2014 年 1 月 2 日，S 市检察院向 S 市中级法院提起公诉，指控马某构成利用未公开信息交易罪，情节特别严重。2014 年 3 月 24 日，S 市中级法院作出一审判决，认定马某构成利用未公开信息交易罪，鉴于《刑法》第180条第4款未对利用未公开信息交易罪情节特别严重作出相关规定，马某属于犯罪情节严重，同时考虑其具有自首、退赃、认罪态度良好、罚金能全额缴纳等可以从轻处罚情节，因此，判处其有期徒刑3年，缓刑5年，并处罚金，同时对其违法所得予以追缴。

S市检察院于2014年4月4日向G省高级法院提出抗诉，认为被告人马某的行为应当认定为犯罪情节特别严重，依照"情节特别严重"的量刑档次处罚；马某的行为不属于退赃，应当认定为司法机关追赃。第一审判决适用法律错误，量刑明显不当，应当依法改判。2014年8月28日，G省检察院向G省高级法院发出《支持刑事抗诉意见书》，认为第一审判决认定情节错误，导致量刑不当，应当依法纠正。

G省高级法院于2014年10月20日作出终审裁定，认为《刑法》第180条第4款并未对利用未公开信息交易罪规定有"情节特别严重"情形，马某的行为属"情节严重"，应在该量刑幅度内判处刑罚，抗诉机关提出马某的行为应认定为"情节特别严重"缺乏法律依据，遂裁定驳回抗诉，维持原判。

G省检察院认为，终审裁定理解法律规定错误，导致认定情节错误，适用缓刑不当，于2014年11月27日提请最高人民检察院抗诉。2014年12月8日，最高人民检察院按照审判监督程序向最高人民法院提出抗诉。

2015年12月11日，最高人民法院决定再审的同时中止原判决的执行，指令G省高级法院重新审埋，G省高级法院在重审时决定逮捕马某，并由原合议庭对此案不开庭审理，对马某改判有期徒刑 3 年，并处罚金，将其违法所得予以追缴。

⚓ **问题：**

1. 此案中的两种抗诉有哪些区别？

2. 最高人民法院决定中止原判决的执行，是否正确？为什么？

3. 最高人民法院能否对此案指令 G 省高级法院重新审理？为什么？

4. G 省高级法院在重审时决定逮捕马某，是否正确？为什么？

5. G 省高级法院由原合议庭对马某利用未公开信息交易案不开庭审理，是否正确？为什么？

6. G 省高级法院能否将对马某利用未公开信息交易案原判的"有期徒刑 3 年，缓刑 5 年"改为"有期徒刑 3 年"？为什么？

✐ **答案与解析** 

1. S 市检察院向 G 省高级法院提出的是二审抗诉，最高人民检察院按照审判监督程序向最高人民法院提出的是再审抗诉。二审抗诉和再审抗诉有如下区别：

（1）抗诉的对象不同。二审抗诉的对象是地方各级人民法院尚未发生法律效力的一审判决、裁定；而再审抗诉的对象是已经发生法律效力的判决和裁定。

（2）接受抗诉的审判机关不同。接受二审抗诉的是提出抗诉的人民检察院的上一级人民法院，而接受再审抗诉的是提出抗诉的人民检察院的同级人民法院。

（3）抗诉的期限不同。二审抗诉必须在法定期限内提出，而法律对再审抗诉的提起没有规定期限。

（4）抗诉的效力不同。二审抗诉将阻止第一审判决、裁定发生法律效力；而再审抗诉并不导致原判决、裁定在人民法院按照审判监督程序重新审判期间执行的停止。

2. 最高人民法院决定中止原判决的执行，是错误的。《高法解释》第382条规定："再审期间不停止原判决、裁定的执行，但被告人可能经再审改判无罪，或者可能经再审减轻原判刑罚而致刑期届满的，可以决定中止原判决、裁定的执行，必要时，可以对被告人采取取保候审、监视居住措施。"本案中，未出现"改判被告人无罪，或者可能经再审减轻原判刑罚而致刑期届满的"情形，所以，最高人民法院不得决定中止原判决的执行。

3. 最高人民法院可以对此案指令G省高级法院重新审理。因为，《高法解释》第379条第2款规定："上级人民法院指令下级人民法院再审的，一般应当指令原审人民法院以外的下级人民法院审理；由原审人民法院审理更有利于查明案件事实、纠正裁判错误的，可以指令原审人民法院审理。"本案中，G省高级法院是原审法院，最高人民法院可以对此案指令G省高级法院重新审理。

4. G省高级法院在重审时决定逮捕马某，是错误的。《高法解释》第246条第1款规定："人民法院决定再审的案件，需要对被告人采取强制措施的，由人民法院依法决定；人民检察院提出抗诉的再审案件，需要对被告人采取强制措施的，由人民检察院依法决定。"本案是检察院抗诉提起审判监督程序的案件，所以由检察院决定是否逮捕马某。

5. 不正确。《最高人民法院关于刑事再审案件开庭审理程序的具体规定（试行）》第5条规定："人民法院审理下列再审案件，应当依法开庭审理：（一）依照第一审程序审理的；（二）依照第二审程序需要对事实或者证据进行审理的；（三）人民检察院按照审判监督程序提出抗诉的；（四）可能对原审被告人（原审上诉人）加重刑罚的；（五）有其他应当开庭审理情形的。"本案中，G省高级法院将马某的有期徒刑3年，缓刑5年，改为有期徒刑3年，是对马某加重刑罚，属于上述第（四）种情形，故应开庭审理，而且G省高院重审应当另行组成合议庭审理。

6. 可以。《高法解释》第386条规定："除人民检察院抗诉的以外，再审一般不得加重原审被告人的刑罚。再审决定书或者抗诉书只针对部分原审被告人的，不得加重其他同案原审被告人的刑罚。"本案是检察院抗诉提起再审的案件，法院可以撤销马某的缓刑，加重马某的刑罚。

## ◘ 案例2

1998年4月7日，于某因故意杀害韩某被A省B市中级法院判处死刑缓期2年执行。于某不服，向A省高级法院提出上诉。1998年9月14日，A省高级法院以原审判决认定于某故意杀人罪事实不清、证据不足为由，裁定撤销原判，发回重审。韩某的父母提起附带民事诉讼。1999年9月16日，B市中级法院重审后以故意杀人罪判处于某死刑缓期2年执行。于某不服，再次向A省高级法院提出上诉。2000年5月15日，A省高级法院以原审判决事实不清、证据不足为由，裁定撤销原判，发回重审。2000年10月25日，B市中级法院重审后仍然以故意杀人罪判处于某死刑缓期2年执行。于某不服，再次向A省高级法院提出上诉。2002年7月1日，A省高级法院裁定驳回上诉，维持原判。2002年12月8日，于某向A省高级法院提出申诉。2004年8月9日，A省高级法院驳回于某的申诉。于某又向最高人民法院提出申诉。最高人民法院指令S省高级法院进行复查，S省高级法院组成合议庭通过阅卷、召开听证会等方式复查后，建议最高人民法院依照审判监督程序重新审判，2004年10月18日，最高人民法院以事实不清、证据不足为由对该案决定再审，指令S省高级法院重新审判，S省高级法院经过重审，认为原审判决、裁定认定于某犯故意杀人罪的事实不清、证据不足，指控的犯罪不能成立。

🔖 **问题：**

1. A省高级法院能否两次发回B市中级法院重新审判？为什么？

2. A省高级法院第一次发回重审后，韩某的父母可否提起附带民事诉讼？为什么？

3. 如何看待S省高级法院对于某故意杀人案复查时召开听证会？

4. 哪些法院、检察院可以针对于某的死缓裁判提起审判监督程序？

5. S省高级法院应当怎样处理本案？

✏️ **答案与解析** ▶

1. **不能。**依据《刑事诉讼法》第236条的规定："第二审人民法院对不服第一审判决的上诉、抗诉案件，经过审理后，应当按照下列情形分别处理：（一）原判决认定事实和适用法律正确、量刑适当的，应当裁定驳回上诉或者抗诉，维持原判；（二）原判决认定事实没有错误，但适用法律有错误，或者量刑不当的，应当改判；（三）原判决事实不清楚或者证据不足的，可以在查清事实后改判；也可以裁定撤销原判，发回原审人民法院重新审判。原审人民法院对于依照前款第三项规定发回重新审判的案件作出判决后，被告人提出上诉或者人民检察院提出抗诉的，第二审人民法院应当依法作出判决或者裁定，不得再发回原审人民法院重新审判。"由此可见，第二审法院以事实不清、证据不足为由发回重审，只能发回一次。本案中，A省高级法院作为第二审法院两次以"事实不清、证据不足"为由发回B市中级法院重新审判，是错误的。

2. 可以。《高法解释》第147条第1款规定，附带民事诉讼应当在刑事案件立案后及时提起。这就意味着，在刑事案件立案之后的侦查、审查起诉和审判阶段，均可以提起附带民事诉讼。本案中，A省高级法院第一次发回重审后，该案又回到第一审程序中，被害人韩某的父母可以提起附带民事诉讼。

3. S省高级法院对于某故意杀人案复查时召开听证会，可以实现社会公众对复查工作的有序参与，让诉讼程序自治与兼顾社会监督在有序组织听证会中实现完美融汇，让依法独立审案与兼听则明判断有机贯通，唯此才能确保复查结论准确公正、社会理解支持，最大限度消除社会公众的疑虑，让司法结论经得起历史和人民的检验。

4. A省高级法院、最高人民法院、最高人民检察院可以针对于某的死缓裁判提起审判监督程序。本案中，B市中级法院判处于某死刑缓期2年执行。于某不服，向A省高级法院提出上诉。A省高级法院裁定驳回上诉，维持原判。该案在A省高级法院核准后生效，因此，该案是A省高级法院作出的生效裁判。

依据《刑事诉讼法》第254条第1款的规定："各级人民法院院长对本院已经发生法律效力的判决和裁定，如果发现在认定事实上或者在适用法律上确有错误，必须提交审判委员会处理。"本案中，A省高级法院院长针对本院作出的死缓裁判，提交本院审判委员会处理，可以提起审判监督程序。

依据《刑事诉讼法》第254条第2款的规定："最高人民法院对各级人民法院已经发生法律效力的判决和裁定，上级人民法院对下级人民法院已经发生法律效力的判决和裁定，如果发现确有错误，有权提审或者指令下级人民法院再审。"本案中，最高人民法院对A省高级法院的死缓裁判，有权提审或者指令下级法院再审。

依据《刑事诉讼法》第254条第3款的规定："最高人民检察院对各级人民法院已经发生法律效力的判决和裁定，上级人民检察院对下级人民法院已经发生法律效力的判决和裁定，如果发现确有错误，有权按照审判监督程序向同级人民法院提出抗诉。"本案中，最高人民检察院对A省高级法院的死缓裁判，有权按照审判监督程序向最高人民法院提出抗诉。

5. S省高级法院应当撤销A省高级法院的二审裁定和B

市中级法院的一审判决，判决宣告于某无罪。因为，最高人民法院以事实不清、证据不足为由对该案决定再审，指令 S 省高级法院重新审判，那么，S 省高级法院按照第二审程序进行审理，依据《高法解释》第 389 条的规定："再审案件经过重新审理后，应当按照下列情形分别处理：……（四）依照第二审程序审理的案件，原判决、裁定事实不清或者证据不足的，可以在查清事实后改判，也可以裁定撤销原判，发回原审人民法院重新审判。原判决、裁定事实不清或者证据不足，经审理事实已经查清的，应当根据查清的事实依法裁判；事实仍无法查清，证据不足，不能认定被告人有罪的，应当撤销原判决、裁定，判决宣告被告人无罪。"因此，在本案中，S 省高级法院经过重审，认为原审判决、裁定认定于某犯故意杀人罪的事实不清、证据不足，指控的犯罪不能成立，应当撤销原审判决、裁定，判决宣告原审被告人于某无罪。

# 专题十八　执行

## 一、主观题考情分析

| 年份 | 考点 | 题型 |
|------|------|------|
| 2009 年 | 停止执行死刑程序 | 逐步发问型案例分析 |
| 2002 年 | 交付执行 | 找错型案例分析 |

对于本专题，考生应主要注意执行中的变更程序，比如停止执行死刑程序、死缓的变更程序、监外执行、减刑、假释程序等。同时，兼及刑罚执行的分工、一些重要的刑罚的执行程序，比如财产刑和附带民事裁判的执行。

## 二、模拟演练

### ▶ 案例

苗某伙同卢某、周某等人共同受贿，数额巨大。A 省 F 市中级法院判处苗某死刑；判处卢某死刑缓期两年执行；判处周某有期徒刑 15 年。此案逐级报请最高人民法院核准了苗某的死刑，并由最高人民法院院长签发了死刑执行命令。

A 省 F 市中级法院在宣判后如期对苗某执行死刑，在对苗某验明正身时，苗某检举揭发了司法机关尚未掌握的其伙同他人共同故意杀人、敲诈勒索的犯罪事实。A 省 F 市中级法院依法裁定停止执行死刑，同时逐级上报最高人民法院，最高人民法院经过审核，认为苗某供述其本人伙同他人故意杀人的犯罪事实基本属实，遂指令 F 市中级法院对苗某的故意杀人的犯罪事实进行再审，A 省 F 市中级法院经审理，认定苗某犯故意杀人罪，判处无期徒刑，与原判尚未执行的死刑并罚，决定执行死刑。

卢某对 A 省 F 市中级法院作出的死刑缓期两年执行判决不服，提出上诉，A 省高级法院认为卢某的犯罪事实清楚，证据确实、充分，但量刑过轻，遂改判卢某死刑立即执行。之后，A 省高级法院对卢某报请最高人民法院核准，最高人民法院复核时，认为该案事实正确，但可不立即执行，于是改判卢某死缓并限制减刑。

周某在一审判决后未提出上诉，在交付 H 市监狱执行期间，由于确有悔改表现，H 市监狱向 H 市中级法院提出减刑建议，经过书面审理，H 市中级法院将周某的刑期减为13 年，在服刑期间，周某因患癌症，监狱提出监外执行的意见，报 F 市中级法院决定监外执行。监外执行期间，周某因脱逃而被收监，经监狱审核决定脱逃的 8 个月不计入刑期。

### 问题：

本案的诉讼程序存在哪些不合法之处？请说明理由。

### 答案与解析

1. A 省 F 市中级法院裁定停止执行死刑，是不正确的。《高法解释》第 418 条规定："第一审人民法院在接到执行死刑命令后、执行前，发现有下列情形之一的，应当暂停执行，并立即将请求停止执行死刑的报告和相关材料层报最高人民法院：（一）罪犯可能有其他犯罪的；（二）共同犯罪的其他犯罪嫌疑人到案，可能影响罪犯量刑的；（三）共同犯罪的其他罪犯被暂停或者停止执行死刑，可能影响罪犯量刑的；（四）罪犯揭发重大犯罪事实或者有其他重大立功表现，可能需要改判的；（五）罪犯怀孕的；（六）判决、裁定可能有影响定罪量刑的其他错误的。"由此可见，A 省 F 市中级法院在执行前发现苗某还有其他犯罪，应当暂停执行死刑，并立即将请求停止执行死刑的报告和相关材料层报最高人民法院。

2. 最高人民法院经过审核，认为苗某供述其本人伙同他人故意杀人的犯罪事实基本属实，遂指令 F 市中级法院对苗某的故意杀人的犯罪事实进行再审，是不正确的。依据《高法解释》第 422 条的规定："最高人民法院对停止执行死刑的案件，应当按照下列情形分别处理：（一）确认罪犯怀孕的，应当改判；（二）确认罪犯有其他犯罪，依法应当追诉的，应当裁定不予核准死刑，撤销原判，发回重新审判；（三）确认原判决、裁定有错误或者罪犯有重大立功表现，需要改判的，应当裁定不予核准死刑，撤销原判，发回重新审判；（四）确认原判决、裁定没有错误，罪犯没有重大立功表现，或者重大立功表现不影响原判决、裁定执行的，应当裁定继续执行死刑，并由院长重新签发执行死刑的命令。"在本案中，最高人民法院审核后，认为苗某供述其本人伙同他人故意杀人的犯罪事实基本属实，应当裁定不予核准死刑，撤销原判，发回 F 市中级法院重新审判，而且对苗某故意杀人案不是进行再审，而是按照第一审程序进行审理。

3. A 省高级法院认为卢某的犯罪事实清楚，证据确实、充分，但量刑过轻，遂改判卢某死刑立即执行，是不正确的。《刑事诉讼法》第237条规定："第二审人民法院审理被告人或者他的法定代理人、辩护人、近亲属上诉的案件，不得加重被告人的刑罚。"本案中，卢某对A省F市中级法院作出的死刑缓期两年执行判决不服，提出上诉，A省高级法院只能对卢某的死缓维持不变，不得改判卢某死刑立即执行。

4. 最高人民法院复核时，认为卢某的判决事实正确，但可不立即执行，于是改判卢某死缓并限制减刑，是不正确的。《高法解释》第350条规定："最高人民法院复核死刑案件，应当按照下列情形分别处理：……（五）原判认定事实正确，但依法不应当判处死刑的，应当裁定不予核准，并撤销原判，发回重新审判……"。本案中，最高人民法院复核时，认为该案事实正确，但可不立即执行，应当裁定不予核准，并撤销原判，发回重新审判。

5. F市中级法院书面审理周某的减刑案件，是错误的。《最高人民法院关于减刑、假释案件审理程序的规定》第6条规定："人民法院审理减刑、假释案件，可以采取开庭审理或者书面审理的方式。但下列减刑、假释案件，应当开庭审理：（一）因罪犯有重大立功表现报请减刑的；（二）报请减刑的起始时间、间隔时间或者减刑幅度不符合司法解释一般规定的；（三）公示期间收到不同意见的；（四）人民检察院有异议的；（五）被报请减刑、假释罪犯系职务犯罪罪犯，组织（领导、参加、包庇、纵容）黑社会性质组织犯罪罪犯，破坏金融管理秩序和金融诈骗犯罪罪犯及其他在社会上有重大影响或社会关注度高的；（六）人民法院认为其他应当开庭审理的。"本案中，周某涉嫌受贿罪，属于职务犯罪，依据上述规定第6条的第（五）项，法院应当开庭审理周某的减刑案件，不得书面审理。

6. F市中级法院对周某决定监外执行，是错误的。《刑事诉讼法》第265条第5款规定："在交付执行前，暂予监外执行由交付执行的人民法院决定；在交付执行后，暂予监外执行由监狱或者看守所提出书面意见，报省级以上监狱管理机关或者设区的市一级以上公安机关批准。"本案是在服刑期间，周某因患癌症，监狱提出监外执行的意见，应当报省级以上监狱管理机关批准监外执行。

7. 监狱审核决定脱逃的8个月不计入刑期，是错误的。《六机关规定》第34条规定："对于人民法院决定暂予监外执行的罪犯具有上述情形的，人民法院在决定予以收监的同时，应当确定不计入刑期的期间。对于监狱管理机关或者公安机关决定暂予监外执行的罪犯具有上述情形的，罪犯被收监后，所在监狱或者看守所应当及时向所在地的中级人民法院提出不计入执行刑期的建议书，由人民法院审核裁定。"本案中，监外执行期间，周某因脱逃而被收监，监狱应当及时向所在地的中级人民法院提出不计入执行刑期的建议书，由人民法院审核裁定。

# 专题十九　未成年人刑事案件诉讼程序

## 一、主观题考情分析

本专题在历年法律职业资格考试（司法考试）中未曾考查主观题。对于本专题，主观题适宜集中考查未成年人刑事案件诉讼程序不同于一般案件诉讼程序的特殊之处，考生应注意"教育、感化、挽救""教育为主、惩罚为辅"的理念在未成年人刑事案件诉讼程序和制度中的具体贯彻。本专题的重要知识点包括法律援助辩护、社会调查、强制措施适用、法定代理人、其他合适成年人到场、适用认罪认罚从宽的特殊之处、不公开审理、审理程序、犯罪记录的封存、附条件不起诉等。

## 二、模拟演练

### 案例

2014 年 10 月 11 日凌晨 1 时许，元某（1998 年 6 月 12 日生）、波某（1998 年 2 月 3 日生）二人故意伤害邓某（1998 年 4 月 5 日生），致其重伤。元某的父亲表示有意愿并且有能力对元某加以监管。M 市检察院在讯问元某、听取元某父亲的意见后，综合考量元某的年龄、主观恶性、人身危险性等因素，对元某作出不批准逮捕的决定。

M 市公安局移送审查起诉后，M 市检察院通过 M 市未成年人司法项目办，委托专业社工并通过与二人户籍所在地检察机关开展社会调查异地协作，完成了对二人的社会背景调查工作。M 市检察院审查案件情况后，认为二人故意伤害罪符合起诉条件，波某是该案的主犯，依法向 M 市法院提起公诉。鉴于元某系该案的从犯，但无固定住所、无固定工作、非本地户籍、家庭经济状况差、父母不具备监护能力，M 市检察院对元某作出附条件不起诉决定。在司法项目办工作人员的配合下，M 市检察院寻找到元某的舅舅配合做好监督考察。在监督考察期间，检察机关定期联合项目办专业心理咨询师对元某开展心理疏导和帮教，考察期间，对元某开展"精读一本好书、参加一次公益活动、参加一次义务劳动、学习一项劳动技能"的"四个一"活动。2015 年 8 月 5 日，附条件考验期届满后根据元某在附条件监督考验期内的良好表现，检察机关决定对元某作出不起诉决定。邓某对该不起诉决定不服，向 M 市法院提起自诉。

2015 年 8 月 23 日，M 市法院组成合议庭对元某、波某故意伤害案适用简易程序公开开庭审理。元某的近亲属为其聘请的辩护人到庭，波某的辩护人未到庭，法院还通知了元某、波某的法定代理人参加诉讼，但元某的法定代理人无法到场，法院也未再通知其他人到场。M 市法院在审理中，元某拒绝其辩护人为其辩护，法院准许其自行辩护。M 市法院经过审理，依据案卷材料以及元某的辩护人提交的社会调查报告等证据，判处波某有期徒刑 3 年，但元某的犯罪事实不清、证据不足，宣告其无罪。法院在公开宣判时，为了进行普法教育，组织了 M 市第一中学的学生进行旁听。

**问题:**

1. 本案存在哪些程序违法之处？请说明理由。

2. 本案中的哪些做法体现了未成年人刑事案件诉讼程序中的社会参与原则？

**答案与解析**

1.（1）M市检察院审查批捕时，只是讯问元某、听取元某的父亲的意见，是错误的，M市检察院还应听取元某的辩护律师的意见。因为，《刑事诉讼法》第280条第1款规定："对未成年犯罪嫌疑人、被告人应当严格限制适用逮捕措施。人民检察院审查批准逮捕和人民法院决定逮捕，应当讯问未成年犯罪嫌疑人、被告人，听取辩护律师的意见。"

（2）被害人邓某对附条件不起诉期满的不起诉决定向法院提起自诉，是错误的。《全国人民代表大会常务委员会关于〈中华人民共和国刑事诉讼法〉第二百七十一条（现第二百八十二条）第二款的解释》规定："人民检察院办理未成年人刑事案件，在作出附条件不起诉的决定以及考验期满作出不起诉的决定以前，应当听取被害人的意见。被害人对人民检察院对未成年犯罪嫌疑人作出的附条件不起诉的决定和不起诉的决定，可以向上一级人民检察院申诉，不适用刑事诉讼法第一百七十六条（现第一百八十条）关于被害人可以向人民法院起诉的规定。"由此可见，被害人邓某不得对附条件不起诉期满的不起诉决定向法院提起自诉。

（3）法院对元某、波某故意伤害案公开审理，是错误的。《刑事诉讼法》第285条规定："审判的时候被告人不满十八周岁的案件，不公开审理。"本案中，元某、波某在接受审判时均未满18周岁，所以，对二人应当不公开审理。

（4）元某的法定代理人无法到场，法院也未再通知其他人到场，是错误的。《刑事诉讼法》第281条第1款规定："对于未成年人刑事案件，在讯问和审判的时候，应当通知未成年犯罪嫌疑人、被告人的法定代理人到场。无法通知、法定代理人不能到场或者法定代理人是共犯的，也可以通知未成年犯罪嫌疑人、被告人的其他成年亲属，所在学校、单位、居住地基层组织或者未成年人保护组织的代表到场，并将有关情况记录在案。"由此可见，当元某的法定代理人无法到场时，法院也可以通知其他合适成年人到场。

（5）波某的辩护人未到庭，法院进行审理，是错误的。《刑事诉讼法》第278条规定："未成年犯罪嫌疑人、被告人没有委托辩护人的，人民法院、人民检察院、公安机关应当通知法律援助机构指派律师为其提供辩护。"依据《高法解释》第188条第2款的规定，"辩护人经通知未到庭，被告人同意的，人民法院可以开庭审理，但被告人属于应当提供法律援助情形的除外。"本案中，波某系未成年人，属于应当法律援助辩护的对象，其辩护人未到庭的，法院不得开庭审理。

（6）元某拒绝辩护后，法院准许其自行辩护，是错误的。依据前引《刑事诉讼法》第278条的规定，元某系未成年人，属于应当法律援助辩护的对象。《高法解释》第45条规定："被告人拒绝法律援助机构指派的律师为其辩护，坚持自己行使辩护权的，人民法院应当准许。属于应当提供法律援助的情形，被告人拒绝指派的律师为其辩护的，人民法院应当查明原因。理由正当的，应当准许，但被告人须另行委托辩护人；被告人未另行委托辩护人的，人民法院应当在三日内书面通知法律援助机构另行指派律师为其提供辩护。"所以，元某拒绝辩护后，经法院审查，理由正当的，应当准许，但元某须另行委托辩护人或者法律援助机构另行为其指派律师辩护。

（7）因为元某的犯罪事实不清、证据不足，法院对其适用简易程序，是错误的。《高法解释》第298条第1款规定："适用简易程序审理案件，在法庭审理过程中，有下列情形之一的，应当转为普通程序审理：（一）被告人的行为可能不构成犯罪的；（二）被告人可能不负刑事责任的；（三）被告人当庭对起诉指控的犯罪事实予以否认的；（四）案件事实不清、证据不足的；（五）不应当或者不宜适用简易程序的其他情形。"本案中，法院适用简易程序审理，但发现元某犯罪事实不清、证据不足，根据上述第298条第1款中第（四）项的规定，应当转为普通程序审理。

（8）法院将元某的辩护人提交的社会调查报告作为证据使用，是错误的。因为，《高法解释》第484条规定："对未成年被告人情况的调查报告，以及辩护人提交的有关未成年被告人情况的书面材料，法庭应当审查并听取控辩双方意见。上述报告和材料可以作为法庭教育和量刑的参考。"

（9）法院在公开宣判时，为了进行普法教育，组织M市第一中学的学生进行旁听，是错误的。依据《高法解释》第487条的规定："对未成年人刑事案件宣告判决应当公开进行，但不得采取召开大会等形式。对依法应当封存犯罪记录的案件，宣判时，不得组织人员旁听；有旁听人员的，应当告知其不得传播案件信息。"《刑事诉讼法》第286条第1款规定："犯罪的时候不满十八周岁，被判处五年有期徒刑以下刑罚的，应当对相关犯罪记录予以封存。"本案中，法院判处波某有期徒刑 3 年，而且其犯罪时未满 18 周岁，应当对其犯罪记录予以封存，所以法院在公开宣判时，不得组织人员旁听；有旁听人员的，应当告知其不得传播案件信息。

2. 本案中以下做法体现了未成年人刑事案件诉讼程序中的社会参与原则：

（1）M 市检察院通过 M 市未成年人司法项目办，委托专业社工并通过与二人户籍所在地检察机关开展社会调查异地协作，完成了对二人的社会背景调查工作。

（2）在附条件不起诉的监督考察期间，检察机关定期联合项目办专业心理咨询师对元某开展心理疏导和帮教。

# 专题二十　当事人和解的公诉案件诉讼程序

## 一、主观题考情分析

本专题在历年法律职业资格考试（司法考试）中未曾考查主观题。对于本专题，考生应着重把握当事人和解的公诉案件诉讼程序（简称"刑事和解"）的适用条件、和解的主体、和解的对象、和解协议的审查程序、和解协议书及其履行、达成和解协议后提起附带民事诉讼的处理、和解的反悔与无效、和解的效力等问题。此外，还应注意刑事和解程序与附带民事诉讼程序（如附带民事诉讼调解、和解）、自诉案件的调解、和解的区别与联系。

## 二、模拟演练

### ▶ 案例

2014 年 4 月 18 日 11 时许，安某到 D 市华山村挖野菜烧烤。期间，安某在生火点烧烤炉时，不慎将周边枯草引燃，安某见火势蔓延便驾车驶离现场，火势蔓延至华山、东窝棚山，引发森林火灾。经火灾现场鉴定：过火林地总面积 594 亩。经 D 市价格认证中心鉴定，被烧毁林木损失总价值 47 万元。其中，胡某的林木损失为 18 万元；李某的林木损失为 29 万元。

在审查起诉时，D 市检察院主持之下，安某与胡某达成和解协议，和解协议约定在安某向胡某赔偿之后，司法机关对安某免除处罚。

在审判阶段，李某因病去世，李某的妻子与安某自行和解，但李某的父亲明确表示不同意和解，在 D 市法院制作和解协议书之后，安某表示暂时无力履行和解协议的赔偿内容，D 市法院允许安某在判决生效后再履行和解协议。D 市法院鉴于安某有悔罪表现，没有再犯罪的危险，将案件退回检察院，检察院建议公安机关撤销案件。

**问题：**

本案的和解程序存在哪些程序违法之处？

**答案与解析**

1. D 市检察院主持安某与胡某和解，是错误的。《高检规则》第 514 条规定："双方当事人可以自行达成和解，也可以经人民调解委员会、村民委员会、居民委员会、当事人所在单位或者同事、亲友等组织或者个人调解后达成和解。人民检察院对于本规则第五百一十条规定的公诉案件，可以建议当事人进行和解，并告知相应的权利义务，必要时可以提供法律咨询。"因此，在本案中，D 市检察院不得主持安某与胡某和解，但可以建议二人和解。

2. 安某与胡某通过和解协议约定"司法机关对安某免除处罚"，是错误的。因为，《高检规则》第 513 条规定："双方当事人可以就赔偿损失、赔礼道歉等民事责任事项进行和解，并且可以就被害人及其法定代理人或者近亲属是否要求或者同意公安机关、人民检察院、人民法院对犯罪嫌疑人依法从宽处理进行协商，但不得对案件的事实认定、证据采信、法律适用和定罪量刑等依法属于公安机关、人民检察院、人民法院职权范围的事宜进行协商。"本案中，"司法机关对安某免除处罚"属于定罪量刑问题，不能由当事人双方进行协商。

3. 李某的妻子与安某自行和解，但李某的父亲明确表示不同意和解，法院适用和解程序，是错误的。《高法解释》第497第1款规定："符合刑事诉讼法第二百七十七条（现第二百八十八条）规定的公诉案件，被害人死亡的，其近亲属可以与被告人和解。近亲属有多人的，达成和解协议，应当经处于同一继承顺序的所有近亲属同意。"同时，《继承法》第10条第1款规定："遗产按照下列顺序继承：第一顺序：配偶、子女、父母。第二顺序：兄弟姐妹、祖父母、外祖父母。"由此可见，李某的妻子和父亲属于同一继承顺序的近亲属，二人都同意后才能达成和解。

4. 法院允许安某在判决生效后再履行和解协议，是错误的。依据《高法解释》第502条第1款的规定："和解协议约定的赔偿损失内容，被告人应当在协议签署后即时履行。"由此可见，法院制作的和解协议书，应当在协议签署后即时履行，不能在判决生效后再履行。

5. 法院鉴于安某有悔罪表现，没有再犯罪的危险，将案件退回检察院，检察院建议公安机关撤销案件，是错误的。因为，《高法解释》第505条第1款规定："对达成和解协议的案件，人民法院应当对被告人从轻处罚；符合非监禁刑适用条件的，应当适用非监禁刑；判处法定最低刑仍然过重的，可以减轻处罚；综合全案认为犯罪情节轻微不需要判处刑罚的，可以免除刑事处罚。"

# 专题二十一　缺席审判程序

## 一、主观题考情分析

本专题是 2018 年《刑事诉讼法修正案》增加的内容。对于本章，考生应着重把握缺席审判程序适用条件、对境外的被告人缺席审判的管辖法院、审判组织、送达程序、委托或者指定辩护人、救济程序等知识点。此外，考生还应注意对在境外的被告人的缺席审判程序和严重疾病的被告人、死亡被告人的缺席审判程序的区别之处；对境外的被告人缺席审判与犯罪嫌疑人、被告人逃匿、死亡案件违法所得没收程序之间的区别与联系。

## 二、模拟演练

### ▶案例

艾力木因组织、领导、参加恐怖组织罪被甲省乙市公安局立案侦查，后潜逃美国。乙市公安局侦查终结后，认为艾力木犯罪事实清楚，证据确实、充分，便移送乙市检察院审查起诉。乙市检察院认为应当追究艾力木的刑事责任，遂报请甲省检察院核准后，向乙市中级法院提起公诉。乙市中级法院认为该案不可能判处无期徒刑以上刑罚，且符合缺席审判条件，将该案交给乙市丙区法院审理，丙区法院在最高人民法院官方网站上以公告的方式发布了该案的起诉书副本，公告 6 个月期满后，丙区法院决定由审判员李某开庭审理。

在审理中，检察院派员出庭支持公诉，艾力木及其近亲属均未委托辩护人，丙区法院以艾力木犯组织、领导、参加恐怖组织罪，判处其有期徒刑十五年，并处没收财产。艾力木的伯父表示不服，提出上诉。乙市中级法院经过二审，裁定维持原判，驳回上诉。五年后，艾力木被美国遣返回国，法院宣布原判无效，对该案按照审判监督程序重新审理。

### 🔖 问题：

本案诉讼程序存在哪些程序违法之处？请说明理由。

### ✏️ 答案与解析

1. 乙市检察院报请甲省检察院核准，是错误的。因为，《刑事诉讼法》第291条第1款规定："对于贪污贿赂犯罪案件，以及需要及时进行审判，经最高人民检察院核准的严重危害国家安全犯罪、恐怖活动犯罪案件，犯罪嫌疑人、被告人在境外，监察机关、公安机关移送起诉，人民检察院认为犯罪事实已经查清，证据确实、充分，依法应当追究刑事责任的，可以向人民法院提起公诉。人民法院进行审查后，对于起诉书中有明确的指控犯罪事实，符合缺席审判程序适用条件的，应当决定开庭审判。"本案中，艾力木涉嫌组织、领导、参加恐怖组织罪，乙市检察院应报请最高人民检察院核准，才可适用缺席审判程序。

2. 乙市中级法院将该案交给乙市丙区法院缺席审理，是错误的。依据《刑事诉讼法》第291条第2款的规定，对境外的被告人缺席的案件，由犯罪地、被告人离境前居住地或者最高人民法院指定的中级人民法院组成合议庭进行审理。因此，本案不得由乙市中级法院交给乙市丙区法院缺席审理，而应由乙市中级法院进行审理。

3. 丙区法院在最高人民法院官方网站上以公告的方式发布了该案的起诉书副本，是错误的。《刑事诉讼法》第292条规定："人民法院应当通过有关国际条约规定的或者外交途径提出的司法协助方式，或者被告人所在地法律允许的其他方式，将传票和人民检察院的起诉书副本送达被告人。"由此可见，法院不得以公告的方式送达起诉书副本。

4. 法院仅向被告人送达起诉书副本，是错误的。依据前引《刑事诉讼法》第292条的规定，法院还应向被告人送达传票。

5. 法院决定由审判员李某开庭审理，是错误的。依据《刑事诉讼法》第291条第2款的规定，对境外的被告人缺席的案件，由犯罪地、被告人离境前居住地或者最高人民法院指定的中级人民法院组成合议庭进行审理。由此可见，对艾力木缺席一案，应组成合议庭审理，不得独任审理。

6. 法院未通知法律援助机构指派律师为艾力木提供辩护，是错误的。因为，《刑事诉讼法》第293条规定："人民法院缺席审判案件，被告人有权委托辩护人，被告人的近亲属可以代为委托辩护人。被告人及其近亲属没有委托辩护人的，人民法院应当通知法律援助机构指派律师为其提供辩护。"由此可见，在缺席审理中，艾力木必须有辩护人为其辩护，法院应当通知法律援助机构指派律师为艾力木提供辩护。

7. 艾力木的伯父表示不服，提出上诉，是错误的。《刑事诉讼法》第294条第1款规定："人民法院应当将判决书送达被告人及其近亲属、辩护人。被告人或者其近亲属不服判决的，有权向上一级人民法院上诉。辩护人经被告人或者其近亲属同意，可以提出上诉。"《刑事诉讼法》第108条第（六）项规定："'近亲属'是指夫、妻、父、母、子、女、同胞兄弟姊妹。"本案中，艾力木的伯父不是其近亲属，故其无权上诉。

8. 乙市中级法院裁定维持原判，驳回上诉，是错误的。《刑事诉讼法》第238条规定："第二审人民法院发现第一审人民法院的审理有下列违反法律规定的诉讼程序的情形之一的，应当裁定撤销原判，发回原审人民法院重新审判：（一）违反本法有关公开审判的规定的；（二）违反回避制度的；（三）剥夺或者限制了当事人的法定诉讼权利，可能影响公正审判的；（四）审判组织的组成不合法的；（五）其他违反法律规定的诉讼程序，可能影响公正审判的。"本案中，艾力木未委托辩护人，法院也未通知法律援助机构为其指派律师辩护，剥夺了其辩护权，可能影响公正审判，故法院应当裁定撤销原判，发回重审。

9. 五年后，艾力木被美国遣返回国，法院宣布原判无效，对该案按照审判监督程序重新审理，是错误的。因为，《刑事诉讼法》第295条第2款规定："罪犯在判决、裁定发生法律效力后到案的，人民法院应当将罪犯交付执行刑罚。交付执行刑罚前，人民法院应当告知罪犯有权对判决、裁定提出异议。罪犯对判决、裁定提出异议的，人民法院应当重新审理。"本案中，对艾力木的缺席判决生效后，艾力木到案，法院宣布原判无效，是错误的。因为，只有在艾力木提出异议后，该判决才归于无效。此外，法院在艾力木归案后即重新审理，也是错误的，因为，缺席判决生效后，必须在艾力木提出异议后，法院才应对艾力木重新审理。并且，对艾力木重新审理，不是按照审判监督程序进行审理，而是按照第一审程序进行重新审理。

# 专题二十二　犯罪嫌疑人、被告人逃匿、死亡案件违法所得没收程序

## 一、主观题考情分析

本专题在历年法律职业资格考试（司法考试）中未曾考查主观题。对于本专题，考生应把握犯罪嫌疑人、被告人逃匿、死亡案件违法所得没收程序的适用条件，检察院对没收意见的审查程序，法院对没收违法所得申请的审查和审理程序，对违法所得没收裁决的救济程序，犯罪嫌疑人、被告人到案并对没收裁定提出异议的处理，等等，尤其注意今年法考大纲新增的《关于适用犯罪嫌疑人、被告人逃匿、死亡案件违法所得没收程序若干问题的规定》的相关规定。同时，要注意违法所得没收程序是一种未经定罪的没收程序，是一种对物的诉讼，而不是对人的诉讼。基于这一特点，要灵活地把握违法所得没收程序与追究刑事责任的普通程序之间的切换和衔接。

## 二、模拟演练

### ▶案例1

2003 年 12 月至 2014 年 1 月间，S 省 K 公司以虚假债权、虚假担保为核心开展自融自保式非法集资活动，被 S 省 H 市公安局以 K 公司总经理韩某涉嫌集资诈骗罪立案侦查，韩某潜逃美国，H 市公安局上报公安部，公安部通过国际刑

警组织对韩某发出红色国际通报。一年后，H市公安局向H市检察院提出没收违法所得意见书，H市检察院经审查，认为符合违法所得没收程序适用的条件，向H市中级法院提出没收违法所得的申请，H市中级法院经过审查后，认为没有证据证明韩某有集资诈骗的犯罪事实，决定退回H市检察院。H市检察院经过补充收集证据，再次向H市中级法院提出没收违法所得的申请，H市中级法院受理后，发出公告，法院仅将公告在H市韩某的财产所在地进行张贴。H市中级法院知悉居住于美国洛杉矶的韩某的联系方式，询问韩某是否可以通过电子邮件的方式向其告知公告的内容，韩某未予回复。H市中级法院决定不予送达。在公告期内，韩某的父亲在瑞士日内瓦提出委托其堂哥做诉讼代理人参加诉讼，韩某也提出委托姜律师担任诉讼代理人参加诉讼，H市中级法院均表示同意。公告一年后，H市中级法院公开开庭审理时，H市检察院出庭就该案的犯罪事实以及申请没收的财产属于违法所得等相关事实出示、宣读证据。H市中级法院认为有的证据可能妨碍正在进行的刑事侦查，于是将该案转为不公开审理。H市中级法院在审结后，认为该案证据未达到确实、充分的标准，决定驳回H市检察院的没收申请。H市检察院不服，提出抗诉。S省高级法院在二审时，鉴于检察院、利害关系人对第一审认定的事实、证据没有争议的，决定不开庭审理。在S省高级法院经过全面审查后，作出二审裁定前，K公司的债权人提出申请参加诉讼，S省高级法院予以准许，发回H市中级法院重新审理。

**问题：**

本案诉讼程序存在哪些程序违法之处？请说明理由。

1. H 市中级法院经过审查后，认为没有证据证明韩某有集资诈骗的犯罪事实，决定退回 H 市检察院，是错误的。《关于适用犯罪嫌疑人、被告人逃匿、死亡案件违法所得没收程序若干问题的规定》第 9 条规定："对于没收违法所得的申请，人民法院应当在三十日内审查完毕，并根据以下情形分别处理：（一）属于没收违法所得申请受案范围和本院管辖，且材料齐全、有证据证明有犯罪事实的，应当受理；（二）不属于没收违法所得申请受案范围或者本院管辖的，应当退回人民检察院；（三）对于没收违法所得申请不符合'有证据证明有犯罪事实'标准要求的，应当通知人民检察院撤回申请，人民检察院应当撤回；（四）材料不全的，应当通知人民检察院在七日内补送，七日内不能补送的，应当退回人民检察院。"依据此条中的第（三）项规定，H 市中级法院应当通知 H 市检察院撤回申请，H 市检察院应当撤回。

2. H 市中级法院仅将公告在 H 市韩某的财产所在地进行张贴，是错误的。依据《关于适用犯罪嫌疑人、被告人逃匿、死亡案件违法所得没收程序若干问题的规定》第 12 条的规定，公告应当在全国公开发行的报纸、信息网络等媒体和最高人民法院的官方网站刊登、发布，并在人民法院公告栏张贴。必要时，公告可以在犯罪地、犯罪嫌疑人、被告人居住地或者被申请没收财产所在地张贴。

3. 在公告期内，韩某的父亲在瑞士日内瓦提出委托其堂哥做诉讼代理人参加诉讼，是错误的。《关于适用犯罪嫌疑人、被告人逃匿、死亡案件违法所得没收程序若干问题的规定》第13条第2款规定："利害关系人可以委托诉讼代理人参加诉讼。利害关系人在境外委托的，应当委托具有中华人民共和国律师资格并依法取得执业证书的律师，依照《最高人民法院关于适用〈中华人民共和国刑事诉讼法〉的解释》第四百零三条的规定对授权委托进行公证、认证"。由此可见，韩某的父亲作为利害关系人，其在境外只能委托中国的执业律师担任诉讼代理人，不能委托其堂哥（系普通公民）担任诉讼代理人。

4. H市中级法院在公告一年后开庭审理，是错误的。《关于适用犯罪嫌疑人、被告人逃匿、死亡案件违法所得没收程序若干问题的规定》第11条规定："人民法院受理没收违法所得的申请后，应当在十五日内发布公告，公告期为六个月。公告期间不适用中止、中断、延长的规定。"《关于适用犯罪嫌疑人、被告人逃匿、死亡案件违法所得没收程序若干问题的规定》第14条规定："人民法院在公告期满后由合议庭对没收违法所得申请案件进行审理。"由此可见，H市中级法院应在公告六个月期满后对该案进行审理。

5. H市检察院出庭就该案的犯罪事实出示、宣读证据，是错误的。《关于适用犯罪嫌疑人、被告人逃匿、死亡案件违法所得没收程序若干问题的规定》第15条第1款规定："出庭的检察人员应当宣读没收违法所得申请书，并在法庭调查阶段就申请没收的财产属于违法所得及其他涉案财产等相关事实出示、宣读证据。"由此条可知，H市检察院在该案审理中无须就犯罪事实出示、宣读证据，该案的犯罪事实已经在庭审查中予以审查。

6. H市中级法院认为有的证据可能妨碍正在进行的刑

事侦查，于是将该案转为不公开审理，是错误的。《关于适用犯罪嫌疑人、被告人逃匿、死亡案件违法所得没收程序若干问题的规定》第15条第2款规定："对于确有必要出示但可能妨碍正在或者即将进行的刑事侦查的证据，针对该证据的法庭调查不公开进行。"本案中，H市中级法院不应将该案转为不公开审理，而应对该证据的法庭调查不公开进行。

7. H市中级法院在审结后，认为该案证据未达到确实、充分的标准，决定驳回H市检察院的没收申请，是错误的。《关于适用犯罪嫌疑人、被告人逃匿、死亡案件违法所得没收程序若干问题的规定》第17条规定："申请没收的财产具有高度可能属于违法所得及其他涉案财产的，应当认定为本规定第十六条规定的'申请没收的财产属于违法所得及其他涉案财产'。"由此可见，上述做法存在两处错误：第一，法院不得以未达到确实、充分的标准，驳回检察院的没收申请，因为申请没收的财产只需达到高度可能属于违法所得及其他涉案财产即可。第二，法院决定驳回检察院的没收申请，是错误的，即使法院驳回也应当用"裁定"，而非"决定"。

8. S省高级法院在二审时全面审查，是错误的。因为，《关于适用犯罪嫌疑人、被告人逃匿、死亡案件违法所得没收程序若干问题的规定》第20条第3款规定："第二审人民法院应当就上诉、抗诉请求的有关事实和适用法律进行审查。"由此可见，S省高级法院在二审时无须全面审查。

9. S省高级法院在作出二审裁定前，K公司的债权人提出申请参加诉讼，S省高级法院予以准许，发回H市中级法院重新审理，是错误的。《关于适用犯罪嫌疑人、被告人逃匿、死亡案件违法所得没收程序若干问题的规定》第18条规定："利害关系人非因故意或者重大过失在第一审期间未参加诉讼，在第二审期间申请参加诉讼的，人民法院应当准许，并发回原审人民法院重新审判。"K 公司的债权人必须是非因故意或者重大过失在第一审期间未参加诉讼，S 省高级法院才应当准许，发回原审法院重新审理。

## 案例2

J 省 P 市检察院以秦某和龚某共同抢劫、秦某诈骗向 P 市中级法院提起公诉，J 省 P 市中级法院经审理作出刑事附带民事判决，认定秦某犯抢劫罪，判处死刑，剥夺政治权利终身，并处没收财产人民币 8 万元；犯诈骗罪，判处有期徒刑 6 年；认定龚某抢劫罪，判处有期徒刑 15 年。秦某、龚某赔偿抢劫案的被害人尤某人民币 7 万元，供犯罪用的铁锤一个、鱼叉一个、刀三把，予以没收。

第一审宣判后，被告人秦某对判处没收财产和民事赔偿不服，以第一审认定的抢劫罪、诈骗罪事实大部分不成立为由，向 J 省高级法院提出上诉，龚某未上诉，检察院未提起抗诉。J 省高级法院依法对本案进行了审理。在审理过程中，秦某在看守所自己服用苯巴妥和安定导致中毒死亡。

### 问题：

1. J 省高级法院应当如何处理本案？

2. J 省高级法院在第二审中可否对秦某判处没收财产刑？

3. 对秦某的违法所得应否追缴？如果能够追缴，以怎样的程序予以追缴？

4. J 省高级法院在第二审中对秦某因犯罪所负的民事责

任,如何处理?

1. 依据《高法解释》第 312 条的规定:"共同犯罪案件,上诉的被告人死亡,其他被告人未上诉的,第二审人民法院仍应对全案进行审查。经审查,死亡的被告人不构成犯罪的,应当宣告无罪;构成犯罪的,应当终止审理。对其他同案被告人仍应作出判决、裁定。"本案中,秦某上诉后死亡,龚某未上诉,J省高级法院全面审查后,认为秦某不构成犯罪的,应当对其宣告无罪;若认为秦某构成犯罪的,应当终止审理。对龚某应作出裁判。

2. 第一审法院判决虽然认定秦某的行为已构成犯罪,但由于被告人在法定期间提出了上诉,第一审判决尚未发生法律效力,因此,第一审判决让其承担的刑事责任还不是现实的。在第二审审理期间,由于秦某服用苯巴比妥和安定而死亡,若其构成犯罪,法院依法终止审理。法律预设的刑事责任主体归于消灭,刑罚因为缺少刑事责任主体及合法有效的判决而不能适用,故不能对秦某判处和执行刑罚。没收财产也是刑罚的一种,当然也不能对其判处和执行没收财产刑。

3. 《刑法》第 64 条规定:"犯罪分子违法所得的一切财物,应当予以追缴或者责令退赔。"追缴违法所得与对被告人判处刑罚不同,刑法中"犯罪分子违法所得的一切财物,应当予以追缴或者责令退赔"的规定,不以行为人构成犯罪、承担刑事责任为前提,违法所得不因行为人的死亡而消失,法律规定的对违法所得的剥夺也同样不因行为人的死亡而取消。任何人的违法所得除已灭失外,均应一律追缴。

本案中，秦某虽在第二审期间死亡，若第一审查明的证据和事实足以确认其违法所得的性质和范围，就应在所确认的范围内予以追缴。

依据《高法解释》第520条的规定："在审理案件过程中，被告人死亡或者脱逃，符合刑事诉讼法第二百八十条（现第二百九十八条）第一款规定的，人民检察院可以向人民法院提出没收违法所得的申请。人民检察院向原受理案件的人民法院提出申请的，可以由同一审判组织依照本章规定的程序审理。"在本案中，若要追缴秦某的违法所得，应由检察院向法院提出没收违法所得的申请，最终由法院裁定对其违法所得予以没收。

4. J省高级法院在第二审中，秦某死亡的，其刑事诉讼部分不论宣告无罪还是终止审理，附带民事诉讼部分仍应当由原审判组织继续审理。秦某应当承担的民事责任应由其财产继承人在其所继承的遗产范围内承担，如秦某没有遗产，民事责任亦归于消灭。

# 专题二十三　依法不负刑事责任的精神病人的强制医疗程序

## 一、主观题考情分析

| 年份 | 考点 | 题型 |
| --- | --- | --- |
| 2014 年 | 强制医疗的适用条件、审理程序、救济程序 | 逐步发问型案例分析（含找错型案例分析） |

强制医疗程序自成体系，考生应掌握强制医疗程序适用的条件、检察院对强制医疗意见的审查程序、法院对强制医疗案件的审理程序和处理方式、强制医疗决定的救济程序、强制医疗的解除程序，等等。同时，该程序与其他诉讼制度依然有着一定的联系，比如与附带民事诉讼的关系，与审查起诉程序、审判程序的衔接。此外，考生应当注意强制医疗程序与普通的诉讼程序之间的区别。

## 二、模拟演练

### 案例

2017 年 12 月 7 日，某大学研究生朱某尾随同校学生吴某至所在大学教学楼 D 楼西侧女厕所内，趁吴某准备洗手时，从背后上前持刀顶住吴某的颈部，挟持吴某进入厕所东侧靠窗的隔间，强迫吴某交出随身携带的 iPhone X 手机。此后，朱某又对吴某进行强行猥亵并试图强奸，但未得逞。后朱某携吴某的手机逃逸。吴某向 H 区公安局报案，公安机关于次日将朱某抓获。

H区公安局对该案侦查终结，移送检察院审查起诉，H区检察院委托鉴定机构进行鉴定，朱某在案发时系完全无刑事责任能力的精神病人，遂向H区法院提出强制医疗申请。H区法院由审判员周某独任审理，在对该案公开开庭审理过程中，朱某、吴某申请参加审理，均被法院拒绝。H区法院通知朱某的父亲到场，同时，指派朱某所在社区居委会主任刘某作为朱某的诉讼代理人为其提供法律帮助。朱某的父亲提出，朱某不需要强制医疗，可由家属自行治疗。刘某认为，朱某是否有继续危害社会的可能应由医疗机构作出评估，本案没有医疗机构的评估报告。吴某在开庭前提起附带民事诉讼，要求赔偿被朱某抢走的手机，法院予以受理。H区法院审理中，鉴于朱某可能再次伤害吴某，对朱某决定逮捕。H区法院经审理，认为朱某符合强制医疗条件，对朱某判决不负刑事责任，同时决定强制医疗。在强制医疗期间，强制医疗机构经评估，认为朱某已不具有人身危险性，不需要继续强制医疗，故作出解除强制医疗的决定。

🔎 **问题：**

1. 对朱某是否有继续危害社会的可能，是否需要医疗机构进行评估？

2. 本案存在哪些程序违法之处？请说明理由。

✏️ **答案与解析**

1. 在强制医疗中如何认定被申请人是否有继续危害社会的可能，需要根据以往被申请人的行为及本案的证据进行综合判断，而医疗机构对其评估也只是对其病情痊愈的评估，法律没有赋予医疗机构对患者是否有继续危害社会可能性方面的评估权利。法院审理强制医疗案件，对被申请人或者被告人是否"有继续危害社会的可能"，应当综合被申请人或者被告人所患精神病的种类、症状，案件审理时其病情是否已经好转，以及其家属或者监护人有无严加看管和自行送医治疗的意愿和能力等情况予以判定。必要时，可以委托相关机构或者专家进行评估。

2.（1）H区检察院未对朱某作不起诉决定，是错误的。《高检规则》第548条规定："在审查起诉中，犯罪嫌疑人经鉴定系依法不负刑事责任的精神病人的，人民检察院应当作出不起诉决定。认为符合刑事诉讼法第二百八十四条（现第三百零二条）规定条件的，应当向人民法院提出强制医疗的申请。"本案中，H区公安局侦查终结，移送H区检察院审查起诉，H区检察院认为朱某在案发时系完全无刑事责任能力的精神病人，不仅应向H区法院提出强制医疗申请，还应作出不起诉决定。

（2）H区法院由审判员周某独任审理，是错误的。依据《刑事诉讼法》第304条第1款的规定，人民法院受理强制医疗的申请后，应当组成合议庭进行审理。

（3）H区法院对该强制医疗案件公开审理，是错误的。《刑事诉讼法》第188条第1款规定："人民法院审判第一审案件应当公开进行。但是有关国家秘密或者个人隐私的案件，不公开审理；涉及商业秘密的案件，当事人申请不公开审理的，可以不公开审理。"本案中，朱某涉嫌猥亵和强奸，涉及个人隐私，故应当不公开审理。

（4）H区法院指派朱某所在社区居委会主任刘某作为

朱某的诉讼代理人为其提供法律帮助，是错误的。《刑事诉讼法》第304条第2款规定："人民法院审理强制医疗案件，应当通知被申请人或者被告人的法定代理人到场。被申请人或者被告人没有委托诉讼代理人的，人民法院应当通知法律援助机构指派律师为其提供法律帮助。"由此可见，若朱某未委托诉讼代理人，H区法院应当通知法律援助机构指派律师为朱某担任诉讼代理人。

（5）吴某在开庭前提起附带民事诉讼，要求赔偿被朱某抢走的手机，法院予以受理，是错误的。依据《高法解释》第139条的规定："被告人非法占有、处置被害人财产的，应当依法予以追缴或者责令退赔。被害人提起附带民事诉讼的，人民法院不予受理。"本案中，朱某抢走吴某的手机，属于非法占有被害人财产的行为，吴某提起附带民事诉讼，法院不予受理。

（6）法院对朱某决定逮捕，是错误的。《刑事诉讼法》第303条第3款规定："对实施暴力行为的精神病人，在人民法院决定强制医疗前，公安机关可以采取临时的保护性约束措施。"由此可见，在强制医疗程序中，不能对朱某采取逮捕这一强制措施，只能由公安机关对朱某采取临时的保护性约束措施。

（7）H区法院经审理，认为朱某符合强制医疗条件，对朱某判决不负刑事责任，是错误的。因为，依据《高法解释》第531条的规定："对申请强制医疗的案件，人民法院审理后，符合刑事诉讼法第二百八十四条（现第三百零二条）规定的强制医疗条件的，应当作出对被申请人强制医疗的决定。"故无须对朱某判决不负刑事责任。

（8）强制医疗机构对朱某作出解除强制医疗的决定，是错误的。《刑事诉讼法》第306条第1款规定："强制医疗机构应当定期对被强制医疗的人进行诊断评估。对于已不具有人身危险性，不需要继续强制医疗的，应当及时提出解除意见，报决定强制医疗的人民法院批准。"本案中，强制医疗机构不能直接对朱某作出解除强制医疗的决定，只能向H区法院提出解除强制医疗的意见，由H区法院决定是否解除强制医疗。

# 刑事法律文书备考方法与重要刑事法律文书范本

对于刑事诉讼相关的法律文书题而言，历年司法考试（法考）中曾出现直接撰写法律文书和对法律文书找错误这两种考查方式。法律职业资格考试大纲中所要求掌握的法律文书多数为刑事法律文书，考生应集中针对刑事判决书、刑事附带民事诉讼判决书、起诉书、辩护词、刑事自诉状、附带民事起诉状等主要的刑事法律文书进行复习。一方面，应注意每种法律文书的固定格式（尤其是法院、检察院的法律文书）；另一方面，学会运用证据认定案件事实，适用刑事法律乃至民事法律等规定，有理有据地进行论证，提出控辩双方的主张或者作出最终的裁决。以下为考生们附上重要刑事法律文书范本：

## ×××人民检察院
## 起诉书
### （普通程序案件适用）

×检刑诉［××××］×××号

被告人×××（写明姓名、性别、出生年月日、身份证号码、籍贯、民族、文化程度、职业或者工作单位及职务、住址、曾受到行政处罚、刑事处罚的情况和因本案采取强制措施的情况等）。

辩护人×××，××律师事务所律师。

本案由×××（侦查机关）侦查终结，以被告人×××

涉嫌××罪，于××××年×月×日向本院移送审查起诉。本院受理后，于××××年×月×日已告知被告人有权委托辩护人，××××年×月×日已告知被害人及其法定代理人（或者近亲属）、附带民事诉讼的当事人及其法定代理人有权委托诉讼代理人，依法讯问了被告人，听取了被害人的诉讼代理人×××和被告人的辩护人×××的意见，审查了全部案件材料_____（写明退回补充侦查、延长审查起诉期限等情况）。

[对于侦查机关移送审查起诉的需变更管辖权的案件，表述为："本案由×××（侦查机关）侦查终结，以被告人×××涉嫌××罪，于××××年×月×日向×××人民检察院移送审查起诉。×××人民检察院于××××年×月×日转至本院审查起诉。本院受理后，于××××年×月×日已告知被告人有权_____"。

对于本院侦查终结并审查起诉的案件，表述为："被告人×××涉嫌××罪一案，由本院侦查终结。本院于××××年×月×日已告知被告人有权_____"。

对于其他人民检察院侦查终结的需变更管辖权的案件，表述为："本案由×××人民检察院侦查终结，以被告人×××涉嫌××罪，于××××年×月×日向本院移送审查起诉。本院受理后，于××××年×月×日已告知被告人有权_____"。]

经依法审查查明：_____（写明经检察机关审查认定的犯罪事实，包括犯罪时间、地点、经过、手段、目的、动机、危害后果等与定罪有关的事实要素。应当根据具体案件情况，围绕刑法规定的该罪构成要件叙写。）

（对于只有一个犯罪嫌疑人的案件，犯罪嫌疑人实施多次犯罪的犯罪事实应逐一列举；同时触犯数个罪名的犯罪嫌疑人的犯罪事实应该按照主次顺序分类列举。对于共同犯罪的案件，写明犯罪嫌疑人的共同犯罪事实及各自在共同犯罪中的地位和作用后，按照犯罪嫌疑人的主次顺序，分别叙明各个犯罪嫌疑人的单独犯罪事实。）

认定上述事实的证据如下：_____（针对上述犯罪事实，分列相关证据）。

本院认为，_____（概括论述被告人行为的性质、危害程度、情节轻重），其行为触犯了《中华人民共和国刑法》第××条（引用罪状、法定刑条款），犯罪事实清楚，证据确实充分，应当以××罪追究其刑事责任。根据《中华人民共和国刑事诉讼法》第一百七十六条的规定，提起公诉，请依法判处。

此致
×××人民法院

检察员：×××

××××年×月×日

（院印）

# ×××人民法院
## 刑事附带民事判决书
## （一审公诉案件普通程序适用）

（20××）×××刑初××号①

公诉机关：×××人民检察院。

---

① 案号各基本要素的编排规格为："（"＋收案年度＋"）"＋法院代字＋类型代字＋案件编号＋"号"。

附带民事诉讼原告人：_____（写明姓名、性别、出生年月日、民族、出生地、文化程度、职业或者工作单位和职务、住址等）。

被告人：_____（写明姓名、性别、出生年月日、民族、出生地、文化程度、职业或者工作单位和职务、住址和因本案所受强制措施情况等，现羁押处所）。

辩护人：_____（写明姓名、工作单位和职务）。

×××人民检察院以×检刑诉［××××］×××号起诉书指控被告人×××犯××罪，于×××年×月×日向本院提起公诉。在诉讼过程中，附带民事诉讼原告人向本院提起附带民事诉讼。本院依法组成合议庭，于×××年×月×日在本院公开（或不公开）开庭对本案进行了合并审理。×××人民检察院指派检察员××出庭支持公诉，附带民事诉讼原告人×××及其法定（诉讼）代理人×××，被告人×××及其法定代理人×××、辩护人×××，证人×××，鉴定人×××，翻译人员×××等到庭参加诉讼，现已审理终结。

×××人民检察院指控_____（概述人民检察院指控被告人犯罪的事实、证据和适用法律的意见）。附带民事诉讼原告人诉称_____（概述被告人对人民检察院指控的犯罪事实和对附带民事诉讼原告人的诉讼请求予以供述、辩解、自行辩护的意见和有关证据）。辩护人×××提出的辩护意见是_____（概述辩护人的辩护意见和有关证据）。

经审理查明，_____（首先写明经法庭审理查明的事实，既要写明经法庭查明的全部犯罪事实，又要写明由于被告人的犯罪行为使被害人遭受经济损失的事实；其次写明据以定案的证据及其来源；最后对控辩双方有异议的事实、证据进行分析、认证）。

本院认为，＿＿＿＿＿＿＿（根据查证属实的事实、证据和法律规定，论证公诉机关指控的犯罪是否成立，被告人的行为是否构成犯罪，犯的什么罪，应否追究刑事责任；论证被害人是否由于被告人的犯罪行为而遭受经济损失，被告人对被害人的经济损失应否负赔偿责任；应否从轻、减轻、免除处罚或者从重处罚。对于控辩双方关于适用法律方面的意见，应当有分析地表示是否予以采纳，并阐明理由）。依照＿＿＿＿＿＿＿（写明判决的法律依据）的规定，判决如下：

＿＿＿＿＿＿＿〔写明判决结果。分三种情况：

第一，定罪判刑并应当赔偿经济损失的，表述为：

"一、被告人×××犯××罪，判处＿＿＿＿＿＿＿（写明主刑、附加刑）（刑期从判决执行之日起计算。判决执行以前先行羁押的，羁押一日折抵刑期一日即自×××年×月×日起至×××年×月×日止）。

二、被告人×××赔偿附带民事诉讼原告人＿＿＿＿＿＿＿（写明受偿人的姓名、赔偿的金额和支付的日期）。"

第二，定罪免刑并应当赔偿经济损失的，表述为：

"一、被告人×××犯××罪，免予刑事处罚。

二、被告人×××赔偿附带民事诉讼原告人＿＿＿＿＿＿＿（写明受偿人的姓名、赔偿的金额和支付的日期）。"

第三，宣告无罪但应当赔偿经济损失的，表述为：

"一、被告人×××无罪。

二、被告人×××赔偿附带民事诉讼原告人_____（写明受偿人的姓名、赔偿的金额和支付的日期）。"

第四，宣告无罪且不赔偿经济损失的，表述为：

"一、被告人×××无罪。

二、被告人×××不承担民事赔偿责任。"]

如不服本判决，可在接到判决书的第二日起十日内，通过本院或者直接向×××人民法院提出上诉。书面上诉的，应当提交上诉状正本一份，副本×份。

审判长　×××

审判员　×××

审判员　×××

×××年×月×日

（院印）

本件与原本核对无异

书记员　×××

## 附带民事起诉状

附带民事诉讼原告人：_____（写明姓名、性别、出生年月日、民族、出生地、文化程度、职业或者工作单位和职务、住址等事项）。

附带民事诉讼被告人：_____（写明姓名、性别、出生年月日、民族、出生地、文化程度、职业或者工作单位和职务、住址等事项，对被告人的出生年月日确实不知的，可写其年龄)。

诉讼请求

(写明具体的诉讼请求)

事实与理由

(证人姓名和住址，其他证据名称、来源)

此致

×××人民法院

附带民事诉讼原告人：×××

×××年×月×日

附：本诉状副本×份。


刑事自诉状

自诉人：_____（写明姓名、性别、出生年月日、民族、出生地、文化程度、职业或者工作单位和职务、住址等事项）

被告人：_____（写明姓名、性别、出生年月日、民族、出生地、文化程度、职业或者工作单位和职务、住址等事项，对被告人的出生年月日确实不知的，可写其年龄）

案由：_____（被告人被指控的罪名）。

诉讼请求

(写明具体的诉讼请求)

事实与理由

（被告人犯罪的时间、地点、侵害的客体、动机、目的、

情节、手段及造成的后果，理由应附明被告人构成犯罪的罪名和法律依据）

　　　　证人姓名和住址，其他证据名称、来源

　　（主要证据及其来源，证人姓名和住址。如证据、证人在事实部分已经写明，此处只需点明证据名称、证人详细住址）

　　此致

×××人民法院

　　　　　　　　　　　　自诉人：×××

　　　　　　　　　　　　×××年×月×日

　　附：本诉状副本×份。

## 关于×××（姓名）×××（案由）
### 一案的辩护词

尊敬的审判长、审判员：

　　根据《中华人民共和国刑事诉讼法》第34条第1款的规定，×××律师事务所接受×××（被告人姓名）×××（案由）一案的被告人×××（如果是被告人的监护人、近亲属的委托，写监护人、近亲属的名字）的委托，指派我担任被告人×××的辩护人，在接受案件委托后，辩护人研究了×××人民检察院对本案的起诉书，查阅了卷宗材料，会见了犯罪嫌疑人，调查核实有关证据，参加了本案庭审，对本案有了详细的了解，现结合本案事实和法律规定，发表如下辩护意见：

　　辩护人认为起诉书指控的犯罪＿＿＿＿＿＿＿＿＿＿＿＿。

理由如下：_____。

　　综上所述，辩护人认为，_____。根据《中华人民共和国刑法》第×××条第×××款之规定，请求法庭对被告人宣告无罪（或免除处罚或从轻、减轻处罚）。

　　以上是辩护人的辩护意见，希望合议庭在合议时予以采纳。

辩护人：×××

××××年×月×日